我的夢想清單 05

追夢斯里蘭卡

尋幽訪勝 覽遍古剎
山海戀曲 鐵道之旅

淘氣阿丹、鄭敏玲、林惠如、塗人守、柯蓁蓁／合著

序一　解鎖你的斯里蘭卡夢想清單

斯里蘭卡，一個似曾相識卻又很陌生的名詞。真要說我對斯里蘭卡過去的認識，是先前吃新加坡黑胡椒蟹時，餐廳老闆介紹那碩大美味的螃蟹是「斯里蘭卡蟹」。她才因而知曉此處好像在新加坡和印度附近，是一個島國。但之前的旅行足跡著實沒有涉足，也不曾接觸過這個國家。沒想到這個長得和臺灣很像的島國，竟有那麼多令人驚嘆且值得一生走訪一次的精彩。

世界奇蹟獅子岩：叢林中拔地而起的高聳巨石，頂上竟然有座宮殿，建材怎麼運上去的？某些角度根本是秘魯馬丘比丘的復刻，這是大自然巧奪天工的偶然，還是外星人刻意為之？

錫蘭紅茶的原產地：斯里蘭卡的舊名就是「錫蘭」，是怎麼樣的雲霧縹緲和清翠碧綠，才能孕育出全球聞名的高水準紅茶？

全球朝聖佛牙舍利：釋迦牟尼火化後的聖物舍利子，全球只有三顆，全球人朝聖只求見它一面，當真如此法力無邊？

高山鐵路濱海鐵路：火車奮力爬坡，穿越高山茶園的嘟嘟聲和阿里山似曾相識，濱海鐵路吹著風的懷舊和悠閒，與南迴的藍皮解憂號如出一轍，鐵道權威蘇昭旭老師，對此又有怎麼樣的精彩詮釋？

如何？斯里蘭卡是不是個繽紛多彩的國度？我們的團員們在身歷其境後都在書中做了詳實的

紀錄與感受的抒發。

除了這些厲害的景點，讓我印象最為深刻的是當地的「人」。揮灑汗水，辛勞進行道路施工的男人，那滄桑的面容中有著剛毅的線條；田埂中推著腳踏車的阿伯，皮膚黝黑、樂天知命；酷熱午後，全身套裝在路邊等車，有著高雅禮教的職業婦女；留著一頭捲髮，大眼睛充滿純真氣息的小孩，熱情地用力揮手……這些照映進內心的感受，千言萬語，都比不上一次親身經歷，這也是我們團員想要跟大家分享的心聲。

每個旅客職業、經歷、背景各有不同，旅遊經驗也是大相逕庭，所有人的著眼點都不一樣，感動的形式同樣有千千百百種。我認為旅遊最大的收穫，就是接收新的東西、體會新的感動，豐富人生的閱歷。

但人多少會習慣以自己的本位與既定印象出發，眼界也就相對限縮。而閱讀這本書，讀者們可以從每個旅客各個不同的角度，看見相同國度的別樣風光，也會發現旅行的收穫更大、更多。這不只是為自己的一趟旅程留下文字紀錄，也是讓更多人能認識這些美好的功德。

多多旅行，看得越多，眼界越廣，越懂的尊重不同的文化。

以書結緣，同遊會友，期待一起人生圓夢，共享下一次旅程。

元本旅遊副總經理／鄭克偉

目次 CONTENTS

斯里蘭卡
SRI LANKA

斯里蘭卡宗教與信仰的融合

SRI LANKA

斯里蘭卡全稱為「斯里蘭卡民主社會主義共和國」，在一九七二年被稱為「錫蘭」，是個位於南亞－印度次大陸東南方外海的島國。斯里蘭卡的地理位置和深水港使其具有重要的戰略意義，從最早的古代絲綢之路貿易路線到今天的所謂海上絲綢之路。自西元四世紀開始，此地即為東西貿易站，十分繁榮；位處交通要道，因而引起各國覬覦，外國勢力陸續入侵。

斯里蘭卡是一個多元文化、多民族、多語言和多宗教信仰的國家。公元前兩百年左右，佛教成為斯里蘭卡的官方宗教。斯里蘭卡是歷史上佛教信仰持續時間最長的國家之一，全國約有百分之七十的人口信仰佛教。

國　　名 | 斯里蘭卡民主社會主義共和國
ශ්‍රී ලංකා ප්‍රජාතාන්ත්‍රික සමාජවාදී ජනරජය（僧加羅文）
Democratic Socialist Republic of Sri Lanka（英語）

官方語言 | 僧伽羅語、坦米爾語

首　　都 | 可倫坡（行政、司法首都）、斯里賈亞瓦德納普拉科特（立法首都）

土地面積 | 65,610 平方公里

人　　口 | 22,037,000（2023 年統計資料）

行程跟我走 ...

鐵道達人．蘇昭旭

一九六七年生，建立軌道工具書體系為終身職志，目前為繁體中文鐵道著作數目最多的學者，至二〇二二年為止，ISBN著作共有五十七冊。環遊世界鐵道五十餘國，現職為交通科學技術博物館館長，高雄餐旅大學航運系助理教授。

其專書著作，榮獲二〇〇〇年、二〇〇一年的金鼎獎，二〇〇四年運輸傑出青年獎，以及二〇二〇年綠色奧斯卡獎等。其影視作品，散見於公共電視、大愛電視台、TVBS等，二〇一二年與當時總統馬英九的《治國週記》，談國家的鐵道文化政策。

Check

○ 丹布拉洞窟 Dambulla Cave Temple

此為全球保護最好的洞穴寺廟之一，同時也是世界文化遺產；除了有全神貫注的禪定坐佛、右手舉起呈大無畏手印的立佛之外，幾乎每個石洞都有一尊臥佛，可以說是一座唯美的佛教藝術殿堂！

○ 獅子岩 Sigiriya Rock

古時的錫吉里耶宮殿，與馬丘比丘並列「世界第八大奇蹟」，更素有「斯里蘭卡的空中宮殿」之稱。

○ 佛牙寺 Temple of the Sacred Tooth Relic

始建於公元一五九五年，以供奉南無釋迦牟尼佛的佛牙舍利而聞名，於一九八八年被聯合國世界教科文組織列為世界文化遺產（進入參訪需脫鞋）。

○ 卡杜甘納瓦 Kadugannawa

此地有知名的斯里蘭卡國家鐵道博物館，這裡的鐵道軌距是1,676mm，是全世界最寬的軌距，在南亞地區，是斯里蘭卡、印度、巴基斯坦三個國家的特有種，火車十分的特別。

○ 吉拉伽瑪製茶工廠 Giragama

斯里蘭卡是世界上著名的茶葉產區之一，「錫蘭紅茶」世界知名，與印度「大吉嶺」、印度「尼爾吉里」，並稱英國殖民時代的三大茶葉產地，也是英國皇室下午茶愛用的紅茶。

努瓦勒埃利耶 Nuwara Eliya

通常被稱為「小英格蘭」，這裡有殖民時代的平房、都鐸風格的酒店、精心照料的樹籬和漂亮的花園，確實有一種玫瑰色的、隱約的英國鄉村的感覺。「粉紅郵局」位於努沃勒埃利耶的中心，是斯里蘭卡最古老的郵局之一，這座帶有鐘塔尖頂的兩層紅磚建築建於一八九四年，是英國人按照都鐸風格所建造的。

戴蒙朵拉螺旋 Demodala Loop

此處有一個觀景臺，可以看火車盤旋上山，猶如臺灣阿里山鐵路的獨立山螺旋，風景恰似加拿大落磯山國家公園，火車穿越螺旋隧道，十分精彩。

九拱橋 Nine Arches Bridge

英國殖民時代一九二一年建造的九拱橋，又稱為「斯里蘭卡的天空之橋」，是斯里蘭卡殖民時期鐵路建設成功典範；也是英國工程師和錫蘭建商共同完成的壯舉，不用鋼鐵，只靠水泥、石頭完成。位在深深山谷上方的高聳拱橋長九十一公尺、深二十四公尺，到現在仍是斯里蘭卡的旅遊地標。

加勒古城 Old Town of Galle

始建於十六世紀，由葡萄牙人所建；加勒古城是一個融合了歐洲和南亞傳統建築風格的典型堡壘城市，於一九八八年已被列入聯合國世界教科文組織世界遺產。

鐵道旅遊的魅力

淘氣阿丹

大學外國語文學系畢後志向往音樂家的路走，簽下了志願役並經歷了數場大大小小的音樂會，小至室內樂茶會，大到國家音樂廳演奏會，卻在轉角處發現不一樣的火花。

退伍後進了旅行社，從國外訂餐訂房開始，一路歷練到進了雄獅海外部門，疫情期間前往美國發展雄獅海外公司後，發現最愛還是歐洲，回國後便辭職，投入元本旅行社歐洲產品企劃設計。

火車緩緩駛過小鎮和村莊，
可以看到當地居民的日常生活，
感受到濃厚的斯里蘭卡文化氛圍。

智慧的結晶

鐵道旅遊是一種將運輸和觀光完美結合的旅行模式。隨著鐵路技術的不斷進步，從蒸汽火車到高速鐵路，火車不僅快捷、可靠，也成為了探索自然風光和文化遺產的重要載具。瑞士的冰河列車、日本的新幹線，提供了獨特的旅行體驗，可以在舒適的環境中欣賞壯麗的在地景色。臺灣即將全線開通的阿里山森林鐵路，更具有世界文化遺產的價值，大大增加了火車旅遊的魅力。

斯里蘭卡之旅的開端，其實是由鐵道博士蘇昭旭老師，以及前雄獅旅行社鐵道主題部門副總鄭克偉（現為元本旅遊副總經理）的對話所激發。作為臺鐵美學列車「鳴日號」專案負責人的鄭副總與蘇老師，兩人的合作行程不勝枚舉，於是我們特別邀請蘇昭旭老師精心企劃

蘇昭旭老師與他手繪的九拱橋，在九拱橋前合影。

行程，他細緻地安排了象徵山與海的鐵道路線，為整個旅程增添無限魅力。這些鐵路元素不僅豐富了這次斯里蘭卡的旅程，也讓我們深入瞭解斯里蘭卡的歷史和文化。

阿里山森林鐵路與斯里蘭卡高山鐵路，皆展示了人類工程技術面對險惡自然地形時的創新和智慧。阿里山森林鐵路為克服險峻的山地環境，採用了登山鐵路五大工法中的四項，包括螺旋式路線、「之」字形折返路線、Ω 型迴轉以及特殊設計的登山蒸汽火車。螺旋式路線利用螺旋狀的路線來克服高度差，類似於斯里蘭卡的戴蒙朵拉螺旋鐵道。這種設計可以讓火車在不需要急劇攀升的情況下，逐漸上升到所需高度。之字形折返路線則是在陡峭的山坡上，火車以「之」字形折返的方式前進，從而克服地形障礙。這種工法在斯里蘭卡的高山鐵路中也得到了應用。Ω 型迴轉設計讓火車能夠在有限的空間內實現大幅度轉彎，應對山區地形的挑戰。而特殊設計的登山蒸汽火車，具有強大的牽引力和穩定性，能夠安全地攀爬陡峭的山路，這些火車專門為陡峭的山坡設計，具有強大的牽引力和穩定性，能夠安全地攀爬陡峭的山路。

斯里蘭卡高山鐵路同樣面臨著挑戰性的自然地形，其建設過程中大量使用了隧道和橋梁，展現了高超的工程技術。螺旋式路線和「之」字形折返路線在斯里蘭卡高山鐵路中也被廣泛應用，使得火車能夠在崎嶇的山地裡順利前行。

這些工法不僅顯示了當時的工程智慧，更反映兩地在面對相似地形挑戰時所採取的創新解決方案。阿里山森林鐵路和斯里蘭卡的鐵路建設都很高度地呈現了人類如何用技術對抗大自然環境所帶來的挑戰，並努力在生活與自然之間尋求平衡。阿里山森林鐵路穿越茂密的森林和高山景觀，途經臺灣著名的阿里山風景區；而斯里蘭卡的鐵路則穿越茶園、山谷和熱帶雨林，沿途景色壯麗，不僅都為當地經濟發展做出了巨大貢獻，還成為了世界各地遊客欣賞自然美景和體驗當地文化的重要途徑。

鐵道景色和進站的火車。

車窗外，是一片綠意盎然的世界。

平交道上的相會。

斯里蘭卡鐵路之旅

斯里蘭卡的鐵路系統有著悠久且豐富的歷史，是該國現代化發展的重要組成部分。十九世紀末期，英國殖民政府為了促進茶葉和其他商品的運輸，開始建設斯里蘭卡的鐵路網絡。最初的鐵路線於一八六四年正式啟用，連接可倫坡和內陸的康迪，這條鐵路的開通標誌著斯里蘭卡鐵路時代的開端。

隨著茶葉產業的蓬勃發展，鐵路網絡迅速擴展。到十九世紀末，斯里蘭卡已經擁有了一個相對完善的鐵路系統，連接了主要的城市和港口，以及重要的農業和工業區。這些鐵路不僅促進了經濟的發展，也加強了各地區之間的聯繫和交流。

本次旅遊中我們涵括了三個非常重要的鐵路元素——

埃拉高地鐵道：這段鐵路線穿過斯里蘭卡的山區，沿途景色壯麗。埃拉高地鐵道以其陡峭的山坡和蜿蜒的鐵路線著稱，是工程師們的一大挑戰。沿途有許多觀景點，可以欣賞到壯麗的山谷和茶園風光。

高山火車：這條火車路線從可倫坡到巴杜勒，途經努瓦勒埃利耶和埃拉等地，景色絕美。火車穿過茶園、瀑布和森林，是遊客們體驗斯里蘭卡自然美景的絕佳方式。這段鐵路線不僅景色優美，還展示了斯里蘭卡豐富的自然和文化遺產。

遠觀九拱橋鐵道之美。

英國鐵路技術的影響

可倫坡—加勒海岸鐵路：這段鐵路沿著印度洋的海岸線行駛，一邊是湛藍的海水和金色的沙灘，另一邊是茂密的椰林和翠綠的稻田，景色如詩如畫，令人陶醉。火車緩緩駛過小鎮和村莊，可以看到當地居民的日常生活，感受到濃厚的斯里蘭卡文化氛圍。

一八二五年，世界上第一條公共鐵路——英國的斯托克頓至達靈頓鐵路開通，標誌著鐵路運輸時代的開始。英國作為鐵路技術的先驅，將其技術和經驗傳播到其殖民地斯里蘭卡。在十九世紀中葉，斯里蘭卡的鐵路系統開始建設，深受英國鐵路技術和標準的影響。

隨著時間的推移，斯里蘭卡的鐵路系統不斷擴展和現代化。在獨立後，斯里蘭卡政府對鐵路進行了多次升級和維護，使其能夠滿足現代交通的需求。今天，斯里蘭卡的鐵路不僅是重要的交通工具，也是吸引遊客的重要景點。每年，來自世界各地的遊客搭乘這些古老而美麗的火車，欣賞沿途的壯麗風景，體驗當地的風土人情。斯里蘭卡鐵路在這趟旅遊中的元素雖然不多，卻依舊相當重要，因為它不僅傳承了歷史，也持續見證著未來的發展與變遷。

淘氣阿丹的夢想清單

我有一個鐵道夢

鄭敏玲

雙魚座的我，熱愛自由自在的自助旅行，也喜歡參加吃好睡好的跟團旅遊，退休前在新北市立鶯歌陶瓷博物館工作，退休後無縫接軌擔任該館教學服務志工，奉獻所學回饋社會是我的自我期許；陶藝、閱讀、健行、攝影也都是我生活中不可或缺的養分，爾後仍然會以讀萬卷書行萬里路的方式，開闊視野、增廣見聞。

壁畫描繪了佛牙節的盛況、
佛牙的歷史以及信徒朝拜的景象，
虔誠的佛教徒、供佛的鮮花、燦爛的陽光、梵唄，
營造出令人讚嘆的宗教氛圍。

二〇一九年二月，耳順之年生日當天，我到世界宗教博物館參觀「深河遠流南傳佛教文化特展」，特展文宣載明：「佛教源於印度，如同恆河般滋潤了印度大地，也隨之東傳流向了中國的黃河長江，更綿延至湄公河、昭披耶河、伊洛瓦底江等東南亞流域。自西元前三世紀，印度孔雀王朝阿育王派遣僧眾至金地（緬甸、泰國一帶）傳揚佛教開始，東南亞地區即與佛教結下不解之緣。古代東南亞佛教，各部派交替興衰，另有婆羅門教、密宗與民間信仰等宗派流行，直到十一世紀，斯里蘭卡上座部佛教系統，傳入緬甸、泰國、柬埔寨與寮國，形成南傳上座部佛教的信仰圈，並逐漸與越南、馬來西亞、印尼等地區的宗教信仰有所區別。」孤陋寡聞的我才知道，位於印度洋南部的斯里蘭卡，除

旅程的起點

了盛產茶葉及寶石以外，還是南傳上座部佛教信仰圈的重要關鍵。加上臺灣師範大學社會教育學系專任教授，同時也是臺灣文化創意產業的主要推手廖世璋老師，曾於二〇一九年一月到斯里蘭卡旅遊，在臉書分享他在坎達拉馬獅子岩及丹布拉洞窟施展瑜珈高階動作的影像，並向我極力推薦斯里蘭卡是值得一遊的國家，因此將斯里蘭卡列入個人旅遊清單。

我的兒子是鐵道迷，是看蘇昭旭老師撰寫的鐵道叢書長大的；二〇二三年十月，兒子邀我一起參加元本旅行社舉辦的旅遊講座「蘇昭旭老師：斯里蘭卡　山海戀曲　鐵道旅行」，聆聽蘇老師娓娓道來斯里蘭卡高山鐵路的三大亮點及海濱列車海天一色的魅力，雖然鐵道迷

什麼是「國際貨幣基金組織」？

英文名稱為「International Monetary Fund」，縮寫IMF，於一九四五年十二月成立，屬於聯合國經濟及社會理事會之下的專門機構，由一百八十九個國家組成，致力於促進全球貨幣合作、確保金融穩定、促進國際貿易等。IMF的總部設置於美國華盛頓特區，和世界銀行總部相隔一條街。

兒子此行不克參加，但身為鐵道迷媽媽的我，耳濡目染下早已培養出鐵道的興趣並累積不少鐵道知識，當天毫不遲疑就下訂參加。

雖然斯里蘭卡於二〇一九年被《孤獨星球》評選為世界十大最值得旅遊的國家，值得注意的是，其評選標準為「擁有一生一定要去的活動，被社會忽略太久的國家」，但斯里蘭卡政府於二〇二二年七月宣布破產，當地糧食、燃料和藥品嚴重短缺，示威、暴動騷亂、電力中斷情形惡化，總統戈塔巴雅·拉賈帕克薩下臺後還與親眷搭軍機逃往馬爾地夫，所幸總理拉尼爾·威克瑞米辛赫臨危受命後繼為總統，在國際貨幣基金組織的援助下，斯里蘭卡已於二〇二三年六月呈現經濟復甦跡象。

還記得當我決定要去斯里蘭卡旅遊時，身邊不乏有人吐槽唱衰：「妳要去破產國家啊！太恐怖了！」但心意已決，我開始在 YouTube 搜尋有關斯里蘭卡現況的影片，發現斯里蘭卡道路相當整潔、當地人民友善熱情，更擁有聯合國教科文組織認列的六個世界文化遺產、兩個世界自然遺產，總計八個世界遺產，完全符合我喜愛的旅遊類型。因此，我在出發前三個月開始鍛練體能，每天走路一小時，每週步道健走三小時，後來還開始超慢跑，對獅子岩、帕提波拉火車站、戴蒙朵拉螺旋隧道、有天空之橋美稱的九拱橋、海濱列車等等景點充滿熱烈期待與憧憬。

令人嚮往的獅子岩！

探索斯里蘭卡

我們這一團在二〇二三年情人節當天下午從桃園機場出發，臺灣時間二月十五日凌晨兩點多才抵達可倫坡機場，辦理落地簽時，領隊阿丹發揮專業效能取得申請書，蘇昭旭老師提供經驗協助製作範本，再由團員互助合作一一完成，以驚人的速度入境；在入境大廳，看到蘇老師與當地導遊 Andy 熱情相擁，流露他們之間的深厚友誼，對於接下來的旅遊行程無疑打下一劑強心針。

後來才知道，二〇二三年蘇老師與 Andy 相識於其他旅行社的斯里蘭卡旅遊團，當時蘇老師的角色是一般團員，深感擁有農業博士學位的當地導遊 Andy，既敬業又殷實，臨別時曾說過：「今年（二〇二三）我一個人來斯里蘭卡，明年（二〇二四）我會帶一群人來。」君子重然諾令人感佩，真摯友誼更令人動容。

旅程的第一天住宿安排在離機場不遠的 Regenta Arie Lagoon，既然半夜入住無法安然入眠，乾脆早早起床逛逛美麗的潟湖湖畔，在熱情綻放的九重葛祝福下展開第二天旅程；雖然對於斯里蘭卡充滿好奇，在遊覽車內邊聆聽 Andy 解說，邊欣賞窗外的風光景緻，但睡眠不足加上舟車勞頓，很快就進入夢鄉。直到 Andy 聲聲呼喚才悠悠醒轉，由於三小時車程途中只有咖啡廳的廁所比較乾淨，因此就在 Cafe Amakie 消費順便借用廁所；還沒有換盧比的我，使用信用卡買了一杯六百五十盧比（含手續費，折合新臺幣六十六元）的熱美式，方便又實惠，由於早上已經喝過咖啡，便順手送給隨車小弟，皆大歡喜。

中午時分，終於抵達旅程的第一個世界文化遺產——丹布拉洞窟，Andy 再三叮嚀，進入洞窟寺之前，必須脫帽、脫鞋，不可

位於潟湖湖畔的 Regenta Arie Lagoon 飯店。

在清晨金光籠罩下的潟湖。

以背對佛像拍照，也不可以使用閃光燈。除了有 Andy 為我們仔細解說佛像與壁像外，佛學造詣頗深的蘇老師及幾位團員，也分享如何從臥佛的腳趾前後分開或並排，來分辨臥佛是涅槃或休息，以及如何分辨大無畏手印及禪定手印，莊嚴的佛像及美麗的壁畫令人嘆為觀止，難怪觀光宣傳文宣以媲美敦煌石窟自居。當我們要離開洞窟寺時，開始下起大雨，狼狽地取回鞋子迅速穿好，撐起雨傘小心翼翼地走下山坡。團員幾乎都尚未換匯盧比，貼心的 Andy 委請中午用餐的飯店提供換匯服務，團員再度發揮互助合作精神，湊集高額美金換取高匯率盧比後再均分，自此就無需擔心上廁所、拉行李，沒有盧比可以支付小費了！

下午四點多，我們到了旅程的第二個世界文化遺產——波羅納魯瓦古城區；波羅納魯瓦是斯里蘭卡的第二個首都，Andy 先帶

丹布拉洞窟裡莊嚴肅穆的壁畫及佛像。

著團員參觀考古博物館並解說館內文物。不知是否經費不足，館內文物展示方式有點簡易又有點擁擠，雙語解說牌也不太清晰，加上不能拍照，觀後印象極其模糊。然後沿著館外的人工水壩步行上車，去參觀古城的下一個景點——波羅迦羅摩巴忽宮殿遺址。據傳現址原有七層的巍峨宮殿，但頂部四層木造建築早已消失，只剩三層磚石遺構，午後陽光從遺構間隙形成絢麗的光影，彷佛在訴說王國的美麗與哀愁。

後來我們也去參觀了議會廳、圓形舍利院，進入舍利院也要脫鞋，順時針仔細觀賞精美的石雕、瞻仰佛像，入門的月石尤其清晰完整，火焰、馬、大象、天鵝、花環、樹葉、蓮花各有其寓意，象徵六道輪迴的六個階段。最後到加爾寺參觀，說來慚愧，疲憊的我連脫鞋入內的氣力都沒了，只能遠遠地欣賞鬼斧神工般的花岡岩巨佛與臥佛；寺旁巨岩上的僧人與獼猴不約而同的坐姿相映成趣，為今天的參觀帶來些許亮點。

和僧人一起打坐的獼猴。

①②：古城區高聳的石牆遺跡，令人嘆為觀止。
③：踏入莊嚴肅穆的遺址。
④：佛像安穩的姿態，萬年不變。

只剩下三層磚石遺構的波羅迦羅摩巴忽宮殿遺址，令人有些唏噓。

獅子岩與康迪聖城的奇遇

第二天住宿安排在亞洲第一座綠建築酒店「坎達拉馬遺產酒店」，設計師傑佛瑞・巴瓦是斯里蘭卡建築師，擅於利用天然地形建造房子，該酒店可說是他的經典之作，建造在裸露巨岩上的酒店，將巨石、樹木原封不動置入空間，自然而然融入建築，圍繞著巨岩走廊以及能瞻眺谷地風景的房間，已分不清是建築棲身於自然，抑或自然棲身於建築？迷宮般的走廊著實讓我們花費許多時間才找到303室，會呼吸的綠建築果然非常舒適，旅伴與我關好門窗早早入眠。

人生第一次如廁，窗外有猴子相伴，要不是蘇老師及Andy再三提醒，驚嚇指數想必破表；後來，打開臥室落地窗想拍照，三五成群猴子靈敏地跳入陽臺，本想捕

從酒店看出去的好風光。

捉可愛的小猴影像，但是凶猛的猴王突然出現，小猴子與我嚇得紛紛逃竄。

味蕾滿足外加精神飽滿狀態下，展開第三天旅程，首先是非常吸睛的獅子岩，也就是旅程的第三個世界文化遺產；我穿著透氣長袖襯衫、彈性休閒褲及健走鞋，戴好遮陽帽又套好護膝，拄著登山杖出發，在雲層略厚的天氣中，先走完九百五十公尺長的步道，再穿越水塘花園、庭石花園、平臺花園等三座廣闊園區，全團順利完成最簡單的C咖行程；後來攀爬一小段石階、穿越巨石，繼而攀爬幾小段石階與金屬階梯，來到獅爪平臺，多數團員都完成難度中等的B咖行程，相當厲害。開心地拍好紀念照後，與旅伴一起走向攀爬獅子岩最險峻的懸天險梯，孰知在階

與我「相約如廁」的可愛小猴。

梯半途，突然強風暴雨，趕緊協助年紀較長的旅伴穿好防水外套，並督促她往上爬，自己才開始穿輕便雨衣，好不容易套好頭、穿入左袖，右袖部分卻卡住後背包無法穿入，接著登山杖差點被其他遊客撞倒掉入深谷，實在禍不單行，還好我單手一撈穩住登山杖；否極泰來的是，後方傳了一聲渾厚的男音：「May I help you?」，有力的手立刻幫我穿好雨衣右袖，感動之下，望著瀟灑遠去的年輕男子不停說著：「Thank you very much!」；正想向上攀爬，才發現雨衣頭套部分穿反了，只好把遮陽帽當雨帽用，奮力爬上山頭。雖然天氣不好，視野不佳，但歷經風吹雨打、貴人相助，全身溼透的我站在兩百公尺高的巨岩居高臨下，還是能感受到與天地共存的開闊感。心滿意足回到獅爪平臺，發現完成最困難 A 咖行程的團員高達十五位，意即有百分之六十五的團員達標；領隊阿丹興奮表示，午餐時他要請這十五位團員喝果汁。

攀登獅子岩可不簡單呢！

上：獅子岩之爪！
下：挑戰 START ！

左：這招手的樣子……難道是隻招財獅？
右：陡峭的岩壁，真是令人膽戰心驚！

接著，我們又沿著金屬螺旋梯到岩壁看錫吉里耶壁畫，只見身形姣好半裸著上身的仕女，露出纖腰和豐乳，手上捧著鮮花水果要獻給國王，個個栩栩如生，十分逼真。為保護壁畫，全區禁止拍照，還好在獅子岩入口處先買了明信片做為紀念，一方面換取零錢，一方面留下珍貴影像，一舉兩得！

雖然壁畫不能拍照有些可惜，但好在還能購買明信片留念。

前往餐廳途中，Andy 安排團員下車買山竹、紅毛丹，我花費一百五十盧比（折合新臺幣十五元）買了一顆斯里蘭卡特有的黃金椰子，令人意外的是不太好喝，也吃不到香甜的椰肉，我後來還看到遊覽車駕駛及隨車小弟，偷偷地把攤販送他的黃金椰子丟到垃圾桶，可見這一攤的黃金椰子品質可能不太好，記得Andy曾說過：「黃金椰子樹五年可收成，二十年品質及產量達顛峰，四十年就要汰除了。」兩天後，我在埃拉水果攤買了一顆僅兩百盧比（折合新臺幣二十元）的黃金椰子，超級鮮美甘醇，連椰肉都吃光光，一分錢一分貨，放諸四海皆準。

感謝阿丹相贈的香濃芒果汁，飯後到馬特萊香料園參觀，中文解說員唱作俱佳地解說園中各種香料植物，還發放中文書面說明單，推銷園內各項產品，我除了花費五百盧比（折合新臺幣五十元）體驗肩頸按摩外，還花費三千三百四十盧比（折合新臺幣三百三十四元）買了肉桂粉及肉桂棒，至於其他團員採買力相當好，展現臺灣人愛買本色！

離開香料園往旅程的第四個世界文化遺產——康迪聖城途中，並未安排用廁地點，又遇到大塞車，下午喝了椰子汁及芒果汁的我，尿急到膀胱快炸裂，好不容易到

一分錢一分貨的黃金椰子。

斯里蘭卡當地的水果攤販。

專屬於「A 咖勝利者」的香濃芒果汁。

歌舞秀場地時，Andy 及蘇老師帶著我穿越停車場，直衝秀場廁所，在唯一一間女廁大解放後，女團員也排起長長人龍。真不好意思，有勞兩位博士帶著我狂奔，這歷史畫面及糗囧經驗永生難忘！

斯里蘭卡傳統舞蹈精彩絕倫，鼓樂節奏明快、雜技高潮迭起、孔雀舞唯妙唯肖，男舞者身手矯健、俊俏健美，女舞者婀娜多姿、風姿綽約，但令人匪夷所思的是，觀眾席座位區沒有設計坡道，前後排椅子也沒有錯開，壓線進場的我們全部都在最後一排，只要前面觀眾舉起手機錄影，我就只能左閃右

熱鬧的傳統舞蹈表演，臺上的舞者們令人目不轉睛。

茶香鐵路遊

閃找空隙觀賞舞蹈，後來乾脆站起來觀賞，但是好景不常，終場十五分鐘前居然又來了一團印度旅行團貼牆坐著，我只好又變成找空隙觀賞舞蹈的狀態。明明是高水準的傳統舞蹈表演，卻因硬體設施欠佳、人流沒有管控，稍嫌美中不足。

蘇老師除了分享佛陀生平外，也建議有佛教信仰的團員隔天早餐茹素，以便禮佛拜佛，可以的話穿著白色或淺色衣服到佛牙寺，以示對佛陀的尊敬；因此，當天晚上在古色古香的艾特肯斯彭斯旅館內，把在獅子岩弄髒的淺色透氣長袖襯衫努力刷洗乾淨晾乾。第四天一早，抱著虔誠的心前往佛牙寺，據悉人間僅存的三顆佛牙舍利，分別在聖城康迪的佛牙寺、北京的靈光寺、臺灣的佛陀紀念館，難怪佛牙被視為斯里蘭卡國寶。進入佛牙寺前，Andy 仔細叮嚀必須脫帽、脫鞋，隨身行李也要通過安檢，不可以背對佛像拍照，不能大聲喧嘩，人潮眾多必須戴著導覽機緊跟隊伍，而且位於二樓的佛牙舍利被供奉在左側暗室內的六層黃金佛塔之中，只有特定時段才會看到；雖然我們看不到佛牙，但是 Andy 仔細介紹拱廊中的壁畫，壁畫描繪了佛牙節的盛況、佛牙的歷史以及信徒朝拜的景象，虔誠的佛教徒、供佛的鮮花、燦爛的陽光、梵唄，營造出令人讚嘆的宗教氛圍。在八角寶塔樓前拍完大合照後，沿著美麗的康迪湖邊，一起走向集合處準備上遊覽車，可能是人潮實在太多，領隊阿丹及幾位團員竟然走過頭，還好有 LINE 可以及時聯絡，很快就找回所有團員。

極具特色的佛牙寺。

接著到卡杜甘納瓦的「斯里蘭卡國家鐵道博物館」參觀，蘇老師親自示範如何站在1,676mm的軌距間拍照，更能呈現世界最寬軌距的對比，團員紛紛上前拍照紀念，結果年輕的塗家小哥以軟Q的瑜珈下犬勢拿下最佳影像獎；除了參觀館藏的機關車及最老的木造車廂外，我們也跟著蘇老師穿越鋼梁橋到另一端的火車站參觀，因為想購買硬式火車票留念，乃請Andy幫我翻譯，不知為何竟然拿到一張薄紙，幾經溝通才搞清楚，Andy以為我又要上廁所，剛好廁所使用費跟硬式火車票同價（二十盧比，折合新臺幣兩元），才會有此有趣插曲，卡杜甘納瓦火車站的服務人員非常和善及有同理心，我不僅買到硬式火車票，也順利退取廁所使用費。後來，跟著蘇老師及當地人，直接跨越月臺間鐵軌回鐵道博物館，在臺灣，只有三貂嶺火車站等特殊車站才能做這檔事，也算是入境隨俗的新鮮體驗。

看我征服 1,676mm 的軌距！

火車的不同樣貌。

車站一隅。

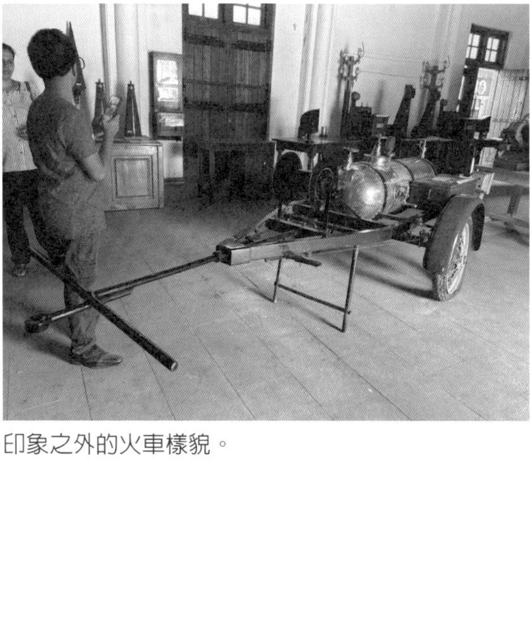

印象之外的火車樣貌。

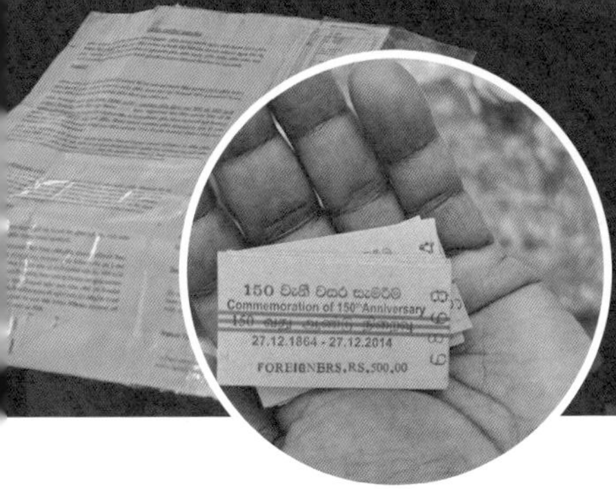

上：博物館裡的鐵道模型，十分精緻、逼真。
下：當地的硬式火車票，非常有紀念意義。

下一站，到吉拉伽瑪製茶工廠用餐、參觀與購買茶葉，女性中文解說員操著濃濃的口音賣力解說，看到團員臉上充滿問號，認真負責的Andy又再說明一次，解說員臉上的表情有點懊惱又有點緊張，可以感受到她的敬業，但同時也留露出一絲逗趣；介紹完複雜的製茶過程後，來到試喝茶葉時間，可能是坐在前端的關係，泡茶的時間不夠長，個人覺得有點淡而無味，因此沒有購買，但是團員出手依舊大方，有團員買了三萬多盧比，力挺

難得可以參觀製茶工廠的內部機關。

購物行程的佛心展露無遺。

接著調整行程到有充滿英格蘭風情的茶區山城——努瓦勒埃利耶，位於山城中心海拔一千八百九十公尺的粉紅郵局，是具有鐘塔尖頂設計的都鐸風格兩層紅磚建築，色彩其實偏向磚紅色，可能為討好普羅大眾，命名為粉紅郵局；帶著蘇老師手繪九拱橋轉印的明信片，另外再購買一張郵局發售的九拱橋明信片（五十盧比，折合新臺幣五元），各自貼足斯里蘭卡到臺灣的

磚紅色的「粉紅郵局」。

郵資（七十盧比，折合新臺幣七元），又是一段美好的回憶；還利用時間到當地小型超市，使用信用卡購買無糖牛奶巧克力、巧果及核桃，計花費一千八百七十盧比（含手續費，折合新臺幣一百九十一元），物超所值。

寄一份回憶給未來回到臺灣的自己。

螺旋線上的鐵道夢

第五天要在納魯歐亞車站搭乘九點多的高山火車，由於前一晚入住的飯店距離納魯歐亞車站有一小時的車程，因此，蘇老師和 Andy 都再三囑咐，務必要準時於七點四十五分出發，因為萬一搭不上火車，後續行程將無以為繼。蘇老師還特別告知：「斯里蘭卡高山鐵路之旅三亮點：一、火車會通過海拔最高點的『帕提坡拉車站』，也是世界 1,676mm 軌距海拔最高點；二、火車會通過斯里蘭卡的觀光地標九拱橋，明天早上我們會再來這裡拍照；三、今天火車之旅的終點『戴蒙朵拉螺旋』，站在月臺上就可以拍攝螺旋線，火車從自己的腳下通過。以上三個不要錯過喔！」團員空前準時集合出發，九點出頭抵達納魯歐亞車站，仔細研究車站時刻表實在很難理解，很慶幸自己參加旅行團，不僅有鐵道專家蘇老師帶隊，Andy 所屬的旅行社還購買七十五人次火車票包下一節車廂，提供我們旅行團二十六位與法國旅行團十三位搭乘，近五個鐘頭的車程，不用擔心沒有座位或擠在車門。由於火車誤點，團員紛紛排隊上廁所，使用費五十盧比，廁所只有一間，又是長長的人龍；半個多小時之後，火車終於來了，我專心拍攝火車進站，竟然沒有注意前方站著一位矮小的工作人員正準備拋接路牌，我被路牌打到肚皮，瘀青一小塊久久才褪色，還好我站在月臺黃色線內，與工作人員保持安全距離，而且不是打到頭部，否則事情就大條了。

大家都想拍下火車進站的時刻。

高山鐵道沿線，高山茶園、優美山林、壯觀瀑布、美麗山城等美景目不暇給，讓人宛若置身仙境。快十一點的時候，火車抵達帕提波拉火車站，蘇老師帶著團員利用短暫車停時間，到海拔一千八百九十一公尺高的標誌牌前拍照，由於火車駕駛不停鳴笛催促，當下放棄拍紀念照，乖乖回到車上，因此只有少數團員如願拍到紀念照；車外高潮迭起，車內也不遑多讓，火車廁所有如一九七〇年代前的臺灣火車廁所，味道雜陳、髒亂程度令人瞠目結舌，同車的法國女士看我們陸續上廁所，她原

非常具有懷舊氣息的火車廁所。

本也打算進入，門一拉開立刻後退三步，一臉無法置信的模樣，尷尬地對著我笑再默默回到座位，法國旅行團直到在埃拉車站下車都沒有入廁。

十一點半左右，團員開始吃自備的午餐，我吃的是飯店早餐的可頌麵包，可愛的三姊妹團員超級厲害，竟然吃起泡麵，一問之下才知道其中祕訣——早上先將麵泡開，倒出熱水後封存，再將乾淨的熱水裝入保溫瓶，要吃之前再放調味包及熱水，這一招得學好學滿。

車上風趣的法國人比手畫腳向包廂服務人員借帽子照相，身形瘦削的服務人員忍俊不禁的表情，與圓滾高大的法國人故作正經的神情，相映成趣令人噴飯；既然是高山鐵道，隧道也特別多，車程中我特別數了數，總共經過二十三座隧道，可見當年闢建工程有多艱辛。

我們通過斯里蘭卡的觀光地標九拱橋，坐在車廂左側窗邊的團員紛紛錄影拍照，坐在右側窗邊的我來不及調整理想的拍攝角度，乾脆好整以暇地欣賞窗外人山人海的觀光客；不久後終於抵達行程終點站——戴蒙朵拉車站，蘇老師先帶團員到站外的模型前解說火車如何盤旋上山及穿越螺旋隧道，再到觀景臺觀看列車穿越螺旋隧道的實境。

蘇老師與帕提坡拉車站標示牌的合照標示牌的合照。感謝蘇老師一路的細心解說，完全可以感受到老師對於鐵路的熱情！

追火車的熱血時刻

第五天的住宿點，旅行社貼心安排我們住在埃拉度假村，周圍環繞著美麗的山丘和茶園，而且因為早早入住，還能先到街上閒逛再優雅地回飯店享用晚餐。

第六天早上，我們兩人一組搭乘嘟嘟車，穿越大街小巷及羊腸小徑，顛簸震盪二十分鐘後，終於到達前往九拱橋的軌道入口。沿著鐵軌走十分鐘就到了九拱橋，為了取得更好的拍攝角度，我跟少數團員跟著蘇老師往半山腰前進。山徑略為陡峭，雖然行走自如，但更高處的飲料店需要低消一杯飲料，有了尿急的前車之鑑，我選擇留在次高點拍攝，以求安心自在。

等待火車通過九拱橋期間，我看到一位綁著髮辮、

九拱橋上的火車緩緩通過，令人為之沸騰。

搭乘嘟嘟車上山囉！

光鮮亮麗的非洲裔美女手腳並用、以臀著地的方式滑下山，畫面實在既反差又逗趣。蹲點三十分鐘後，終於迎來列車通過九拱橋，高亢的火車鳴笛聲、尖銳的車輪與鐵軌磨擦聲在山谷迴盪，不禁讓人熱血沸騰。這次追火車行程，真的得好好感謝蘇老師的精心設計與旅行社的貼心安排。

刺激的行程結束後，我們開始輕鬆的休閒活動。首先參觀了野溪瀑布景觀，接著體驗高蹺釣魚。而後，我們抵達行程的第五個世界文化遺產——加勒古城及堡壘。這座面向印度洋的古城充滿西洋風情，漫步其間，彷彿穿越時空，來到葡萄牙、荷蘭及英國的殖民時期。

我們經過了荷蘭歸正教堂、歷史地標荷蘭鐘樓、南部省高等法院，最後來到加勒燈塔。燈塔建於一九三九年，高十八公尺，是當時海上絲路東西航道的最南點，也是印度洋重要的航海指標。堤岸邊有潔白無瑕的米拉清真寺，在斜陽下更顯莊嚴。走著走著，蘇達馬拉雅佛

壯觀的九拱橋。

寺出現在眼前，主樓的建築風格非常特別，如果沒有看到佛塔及佛像，會以為是教堂。最後，我們到達位在北面城牆，看到建造於一八八二年的鐘樓，黃色牆面的殖民建築，其深厚的文化底蘊，深得我心。

「高蹺釣魚」是屬於斯里蘭卡的生活智慧。

當地人示範「高蹺釣魚」。

當晚，我們入住位於阿洪加拉海灘、正對拉克代夫海的瑞優斯里蘭卡飯店。這是一家五星級的全包式飯店，可以在五間餐廳和四間酒吧享用餐飲、點心和飲料。當我站在客房陽臺，看到阿洪加拉海灘、中庭花園及游泳池時，感到無比放鬆與自在。自助餐款式多元，令人食指大動。與旅伴討論後，我們決定割捨隔天的阿洪格勒馬度河紅樹林生態之旅，好好享受全包式飯店的服務。

經過一宿香甜深層的睡眠後，晨曦微風中，我們先到阿洪加拉海灘散步。金黃色的沙灘上，有比基尼女郎正在餵養愛犬，

風光無限好的加勒古城。

也有慈母牽著兒子踏浪而去。碧海藍天、光影迷離，謝謝旅伴幫我留下張張自然生動的影像。而後在自助餐廳享用新鮮美味的早餐，意猶未盡的我們又開始參觀飯店的夜店舞臺、酒吧，才回客房休息。旅伴在陽臺偷拍在中庭花園活動的其他團員，我則一邊享受冰箱的果汁，一邊捕捉泳池邊日光浴的比基尼女郎。十一點半準時退宿，等候用餐期間，有團員到販賣部採購衣服，也有團員到酒吧享用含酒精氣泡飲，我則選擇無酒清氣泡飲，薄荷檸檬片飄浮杯中，既美觀又美味。再次享用多元自助午餐後，我們才心滿意足地離開飯店。

純白的荷蘭歸正教堂，散發出一種純淨的氛圍。

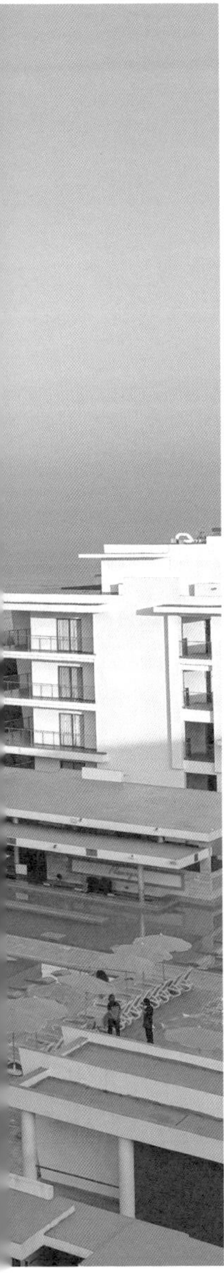

高聳入雲的荷蘭鐘樓。

飯店外的風光，海天一色、舒適愜意。

海濱奇遇記

第七天下午，我們參觀了一九七八年成立的海龜復育中心。為了保護海龜，復育中心的工作人員會將海龜卵拿到中心的沙土區培育，直到海龜孵化出生，再放入海水槽內適應水質，等龜殼硬化後才放回大海。雖然Andy說可以拿第四槽的小海龜拍照，也可以付費抱大海龜合照，然而基於遵循永續旅行的信念，我還是以不碰觸海龜為原則。團員都非常有愛心，紛紛到販賣部購買以海龜為設計發想的紀念品，以棉薄之力挹注海龜復育經費。

檢視照片時，我發現復育中心大型解說牌的英文竟然有錯，「Research」誤值為「Recearch」，應該要找管道反應一下。

下午四點，我們來到莫拉圖瓦車站，準備搭乘海濱列車到科魯皮蒂亞站下車。候車期間，我看了一下火車時刻表，發現還有手寫功能告知旅客上下行列車的進站時間，真是太神奇了！剛好昨天拿到旅行社頒發、由蘇

在池裡優游的大海龜，可遠觀而不可褻玩。

老師親自署名的「鐵道達人蘇昭旭帶路系列—山海戀曲斯里蘭卡鐵道九日」證書，我抓緊時間拿起證書，在月臺宣傳牆面拍照留念。

不久後火車進站了，團員們分別坐在兩節車廂，窗外就是印度洋，沐浴在海天一色的綺麗景緻，身心靈皆獲得洗滌。不久，上來了一位藝人表演鼓藝與吟唱民俗歌曲，年幼的小孩負責收小費。一位美女團員蓁蓁還跟他互動表演鼓藝，太厲害了！拿小費給小孩時，他一直指著我的包包，後來才搞清楚，他是想要我包包附屬的紫色金屬扁哨，但因為扁哨具有防盜功能，我最終沒有割愛。後來上來一大群人，車廂變得非常擁擠。下午接近五點半，當我們到站準備下車時，碰到沒有先下後上觀念的當地人，在男團員的勇猛保護下，全團有驚無險地安全脫身。在科魯皮蒂亞站的標示牌前，蘇老師一一跟手持證書的團員拍照留念，團員起哄蘇老師不要那麼嚴肅，蘇老師嘴角才稍稍揚起。最後，我們還請可愛的斯里蘭卡女孩幫忙拍大合照。結束精彩的海濱列車之旅後，我們入住可倫坡希爾頓飯店。

上：每次旅行，都是人生的一次自我突破與證明。
下：氣勢磅礴的海濱列車緩緩駛入車站。

旅程尾聲

第八天吃完早餐後，我們決定到附近的火車站走走。原本打算去離飯店最近的 Secretariat Halt 車站，結果在飯店服務人員及 Google Maps 的雙重指示下，來到較遠也較具規模的可倫坡要塞車站。這個堡壘車站是斯里蘭卡可倫坡的主要鐵路樞紐，人多車多，商店也很多。回程時，我改走鐵橋下的湖邊公園回飯店，不靠 Google Maps 指示，只憑方向感就能從不同路徑回飯店，讓旅伴非常驚訝。

最後一天的旅程，我們先到卡拉尼亞神廟參觀。脫鞋脫帽進入寺內，左側出現一座鐘樓，據傳斯里蘭卡人相信鐘聲可以牽引今世來生，為了來世更加美好，捐贈鐘樓可以庇佑下一世的輪迴。鐘樓、菩提樹、佛塔周邊有許多席地而坐的虔誠佛教教徒，主體建築內則有家長帶著嬰兒給高僧祈福。原本驚慌失措的嬰兒在高僧輕觸下竟然破涕為笑，未免太靈驗了！Andy詳細解說雕像及壁畫的故事和寓意，並說明這裡是釋迦牟尼第三次來到斯里蘭卡時親自造訪的地方，是擁有崇高地位的寺廟。他還建議團員順時針繞行菩提樹三圈，祈福之外更感謝佛陀庇佑這次旅程平安順利。離開神廟前，我們在大門看到一群小朋友，大眼睛、蘋果臉非常可愛。想起這幾天在各地碰到的斯里蘭卡小孩，總是好奇地看著我，再露出羞澀微笑回應我的笑靨，安詳恬靜的面容，絕對是對斯里蘭卡最美好的記憶。

上：氣派的可倫坡要塞車站。
下：卡拉亞尼神廟有許多信徒慕名而來。

卡拉亞尼神廟中的佛像與壁畫都有著背後的故事和其寓意。

離開神廟後，我們在月亮河享用久違的中式餐點，看到蕃茄炒蛋及空心菜吃到盤底朝天，領隊阿丹貼心地幫團員加菜。接著，蘇老師帶著團員到可倫坡要塞車站，也就是早上我們去過的堡壘車站。蘇老師詳細解釋這裡原本是斯里蘭卡國家鐵道博物館所在地，因為腹地不大才搬到卡杜甘納瓦。手持Andy買的月臺票後，我們進入車站內部，除了一般常見的月臺聯絡天橋外，還有小型的月臺間天橋，這是臺灣前所未見的特殊構造。由衷感

可倫坡要塞車站中展示用的復古蒸汽火車頭。

謝這個額外行程，也謝謝車上耐心等候的團員。

因為時間有限加上市區停車不易，粉紅清真寺、印度神廟只能在車上驚鴻一瞥。短暫參觀水中寺廟後，Andy 安排團員到 Lakarcade 購物中心購買特產及上廁所，順便可以到隔壁 Staple 街上的卡吉爾斯百貨超市採購。我在超市買了三種不同品牌的英國早餐茶、錫蘭金茶、錫蘭紅茶、適合泡奶茶的 BOPF 紅茶，總共刷卡兩千四百六十五盧比（含手續費，折合新臺幣兩百五十三元）。此時此刻，我非常後悔只帶了二十四吋行李箱，只能小小採購一番。

認識「紅茶國際分級制」

紅茶會根據茶葉在茶樹上的部位，以及完成後的茶葉形狀而分為不同規格：

- 白毫 Pekoe，簡稱 P
- 碎白毫 Broken Pekoe，簡稱 BP（切碎或不完整的白毫）
- 片茶 Fannings，簡稱 F（比碎白毫更小的細片）
- 小種 Souchong，簡稱 S（小種茶）
- 茶粉 Dust，簡稱 D（茶粉或抹茶）
- 切碎－撕裂－捲曲紅茶 Crush Tear Curl，簡稱 CTC

而白毫根據採摘部位的不同，又可分為不同等級，其中 BOPF 的全稱為「碎橙白毫片茶 Broken Orange Pekoe Fannings」，即為切碎了的橙白毫細片。

最後一個參觀行程是獨立紀念廣場，這是斯里蘭卡在一九四八年二月四日脫離英國宣示獨立舉行儀式的場所。中央有一座模仿康迪王朝時期皇室接見朝覲者大廳建立的獨立紀念堂，前面佇立著一尊斯里蘭卡開國總理史蒂芬・森納那亞克的雕像。紀念堂四周還有象徵僧伽羅人的六十隻石獅子，Andy 特別囑咐不可以踩坐在石獅上拍照。

接著，我們來到大型採買天堂「加勒菲斯購物中心」。雖然已通

圍繞在獨立紀念廣場四周的石獅子。

◀獨立紀念廣場的柱子上精緻雕刻，訴說了斯里蘭卡的歷史。

獨一無二的火車輾壓紀念幣。

過繁複的安檢流程，但兩個小時的購物時間實在太長了，旅伴跟我決定跟著蘇老師到昨天的科魯皮蒂亞站拍火車。我們沿著加勒菲斯綠地前進，並站在鐵橋上拍火車，不久後轉戰海岸邊拍攝昨天搭乘的S9型863次列車，也拍到了M11-954列車，還有779觀光列車。鐵軌邊有三位當地年輕人拿著斯里蘭卡銅板，不時地放在鐵軌上讓列車輾壓，變成奇特的裝飾。夕陽餘暉中，我捕捉到752列車美麗的身影。

傍晚時分，我請一位帥哥幫我們三人拍合照後，才依依不捨地走回購物中心集合，也為「斯里蘭卡山海戀曲斯里蘭卡鐵道九日」之旅畫下最完美的句點。

863

779

792

感謝與回憶

何其有幸，能在旅程中遇到惠如大姐如此優質的旅伴。團員都以為我們兩人是舊識，事實上我們第一次見面是在二〇二三年十月十五日元本旅行社舉辦的旅遊講座。兩人都是單獨報名，互相覺得順眼，因此請旅行社幫我們安排同房。第二次見面是在二〇二四年二月五日元本旅行社的說明會上，大姐剛從加拿大黃刀鎮看完極光，旅遊經驗相當豐富。第三次見面則是在桃園機場啟程當天，仔細一問才知道貌似七十歲的大姐其實是一九四三年出生的呢！

旅程中，大姐對我非常照顧，住房的大床都禮讓給難入眠的我使用。看她在小床熟睡的模樣，令我既佩服又羨慕。大姐在獅子岩下山時，不小心在陡峭的階梯滑了一下，走在前面的我跟後面的團員都嚇一大跳，還好仔細檢查後確定並未傷到筋骨。大姐隨遇而安的態度、豁達開朗的個性、大度包容的氣量，在旅程中是一股無形的安定力量，也是值得尊敬與學習的楷模。

總而言之，這是一段美好的旅程。導遊 Andy 學問淵博、認真負責，在旅程中與他交談幾次，知無不言、言無不盡，敘述斯里蘭卡經濟復甦的艱辛之路，還有他求學及異國婚姻的心路歷程；駕駛先生技術高超，不管是蜥蜴還是大象，都能及時閃過，平安載送大家到目的地；隨行小弟使命必達，無限供應礦泉水，隨時保持車輛乾淨衛生。斯里蘭卡人恬靜安詳的面容、樂天知命的個性，以及保持良好的自然景觀與生態、底蘊深厚的佛教文化、豐富的世界文化遺產，真是一個美好的國度，值得一訪再訪！

謝謝元本旅行社設計一個以人為本的旅程，領隊阿丹從容不迫帶領團員平安出國，有條不紊地處理各種突發狀況，讓團員帶著滿滿回憶安全回家。更可貴的是還有夢想清單遊記書的計畫，讓平日只能在臉書孤芳自賞遊記的我，有一個舞文弄墨的良機。

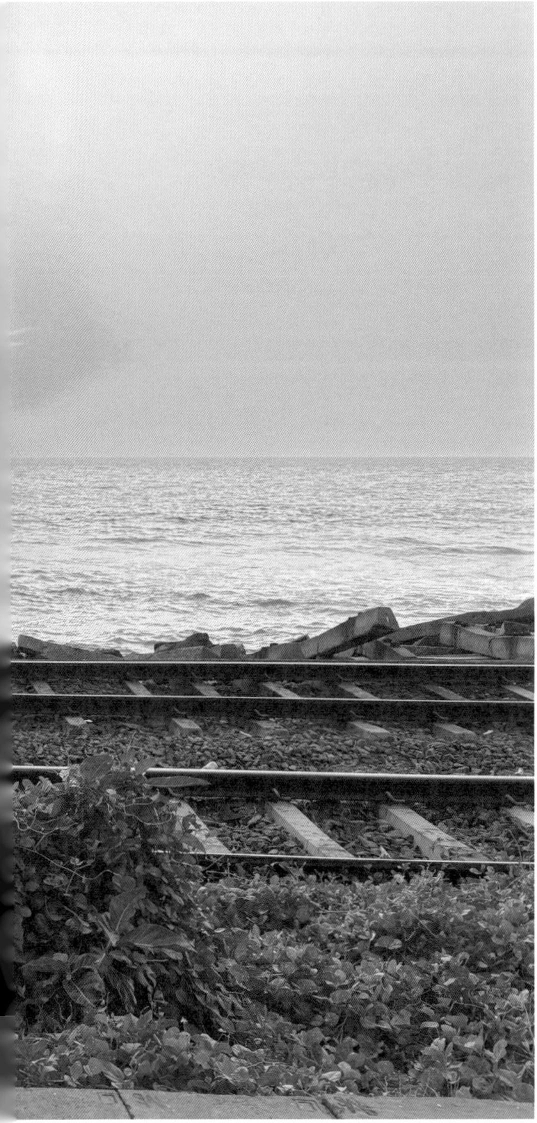

夕陽餘暉下，蘇老師、我、林大姐在鐵軌前合影留念，感謝這趟旅程讓我認識這些珍貴的朋友。

我與獅子岩的合影，紀念自己曾造訪過這個如此美麗又神聖的國度。

最後要感謝鐵道達人蘇昭旭老師，規劃如此周到的鐵道旅行，旅程中不厭其煩地提醒觀賞重點及注意事項，親切地與團員互動交流，學問淵博又多才多藝的他，不僅會口技，在康迪的艾特肯斯彭斯旅館還以鋼琴演奏喬治．溫斯頓的〈卡農（C大調變奏曲）〉；更令人感動的是，他會耐心地帶著我們這些鐵道麻瓜追火車，譜寫每個人心中最美的山海戀曲。

鄭敏玲的夢想清單

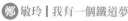

沐浴在神聖之中

林惠如

今年虛歲八十二，我唯一做過比較正式的工作，是在臺北市立圖書館啟明分館當了二十三年的點字「校讀志工」。

我的先生也愛旅行，我們一起遊歷了七十多個國家，直到他回天國、三個女兒都成家了，我便自己一個人跟著旅遊團旅行。

我收集各國、各地的「頂針」作為旅遊紀念品，在女兒的建議下，我建立了一個「歡喜頂針」部落格。有一次華航舉辦旅遊紀念品徵稿活動，我更因為這些頂針收藏而拿到優勝，獲得了一支手錶和蘋果日報的半版報導呢！

此處有全神貫注的禪定坐佛、
右手舉起成大無畏手印的立佛、
幾乎每座石洞都有一尊臥佛，
真是一座唯美的佛教藝術殿堂。

斯里蘭卡在哪裡呢？原來位於印度東南方的一個小島，大概臺灣面積的一．五倍大，由於形狀像一顆水珠，又被稱「印度洋上的珍珠」。

我對斯里蘭卡的第一印象是「捐贈眼角膜」。查一下資料，原來到二〇一九年止，竟有五十七個國家受惠八萬八千多片的眼角膜。再看下去，原來斯里蘭卡醫學博士哈德遜．席爾瓦於一九六四年成立捐贈協會。讓我更感動的是，全國兩千萬人口中包含現任總統在內，共有一百三十萬份簽署捐贈同意書，至今已提供五十多個國家七萬多眼角膜。

為什麼會對眼角膜特別注意，可能是我二十幾年在臺北市立圖書館啟明分館擔任「點字校讀」志工吧！再看下去，原來席爾瓦博士目睹不少眼疾病人因為缺少眼角膜而失明，他與妻子、母親號召民眾捐贈眼角膜。第二年，哈德遜收到第一枚捐贈的眼角，他將眼角膜保存在自家的冰箱。一九六〇年，他的母親去世，哈德遜將母親的眼角膜捐贈給一位貧窮的農民，以實際行動贏得了斯里蘭卡人的心。

斯里蘭卡人民篤信佛教，哈德遜也因此藉由佛教故事與教義宣揚捐贈，除了在報紙上撰文呼籲「讓眼眸重生」的宗教意涵，並經常自己親自搭機用裝滿冰的保溫瓶，將眼角膜運送到各地，這些善行也引起國家注意與幫助。

鐵道旅行初體驗

記得斯里蘭卡舊名是「錫蘭」，錫蘭紅茶又在腦海出現了，馬上報名參加「斯里蘭卡　山海戀曲　鐵道旅行」元本旅遊免費講座。

聽講座那天，一進講堂，有一個人在白板上畫一列火車在橋上，原來是斯里蘭卡有名的地標「九拱橋」。而正在現場揮毫「九拱橋」的就是鐵道達人本人，原來這次旅遊是鐵道達人蘇昭旭老師特別陪同旅遊。

原來斯里蘭卡是《孤獨星球》推薦的世界十大值得旅遊的國家之一。聽完演講，我問元本的業務阿愷：我今年八十歲，接受我一個人參加嗎？可能聽我剛從巴基斯坦旅遊回來，旅遊經驗豐富，所以當場就讓我報名了。

火車，對我來說是充滿記憶和回憶的。父親因為在新竹竹東經營木材製材廠，我們家從臺中搬到新竹竹東居住，可是逢年過節都要回臺中阿嬤家，坐火車印象深刻，因為是燒煤炭的蒸汽火車。過隧道時必須關窗，否則臉上鼻孔都是黑灰，常常拿出媽媽準備的手帕摀著臉鼻。到了十六份（現在站名勝興）、三叉（現在站名三義），因為上坡，有時必須再加一輛火車頭從後面推進。每每回憶起，都會懷念兒時那個帶著興奮心情的自己。

火車到了竹南站，因為是山線和海線的分界站，可能停靠時間比較長，就有很多小販在月臺叫賣便當、燒肉包、白煮蛋，多麼希望爸媽說可以買啊！

更早的印象，是竹東鎮街上的馬路上有臺車鐵道（輕便車），應該是火車的前身。一張是翻拍的臺車車隊，一張是在我們家門前，我弟弟和妹妹坐在臺車的照片，算起來是民國三十八年。

接著，就是我上初中、高中時的內灣線火車通學了，從竹東站到新竹站，還是民國四十年代的蒸汽火車時代。

你知道什麼是「臺車」嗎？

臺車即為以人力作為動力的輕便鐵道，盛行於二十世紀初期的日本及其殖民地（臺灣、朝鮮等），以運輸貨物為目的。由於其營運成本低，興建速度快，在僻鄉的公路交通完備之前，也是當地的主要交通方式。

臺灣稱其為臺車、輕便車、手押臺車（「押」在日語是「推」的意思），官方則稱為軌道，在日本稱為人車軌道或人力鐵道。

金屬魔鬼的傳說

終於，二〇二四年二月，我跟著元本旅遊來到了斯里蘭卡。旅遊一開始，鐵路達人蘇老師送我們一張「世界主要鐵路的軌距表」，原來世界上鐵道軌距可分為：寬軌、標準軌、窄軌（中度軌）、窄軌（兩呎軌）、窄軌（迷你軌）。原來斯里蘭卡是寬軌，而臺灣的則是窄軌的中度軌。

斯里蘭卡鐵路網的長度有一千五百〇八公里，有些鐵路為觀光鐵路，而幹線則行經或跨越瀑布、山脈、茶園、杉林、松樹林、橋梁和高山車站。聽說早期，錫蘭人稱火車為：「吃煤、喝水、衝向可倫坡的金屬魔鬼」。

為了讓我們更瞭解火車，還去了位於卡杜甘納瓦參觀斯里蘭卡鐵道博物館。目前全世界使用鐵道軌距

1,676mm 寬軌軌距特有種的火車有：印度、斯里蘭卡、巴基斯坦、智利、阿根廷等國家。博物館內有很古老的售票設備，很大的日晷。

我們接著來到了很漂亮的粉紅郵局，位於努瓦勒埃利耶的中心，是斯里蘭卡最古老的郵局之一。團員興奮地拿著蘇老師送給我們的手繪九拱橋明信片，衝到郵局內排隊買郵票，準備寄回臺灣或寄給親朋好友。

粉紅郵局旁的紅色郵筒。

過去與現在

這座帶有鐘塔尖頂的兩層紅磚建築，是英國人於一八九四年按照都鐸風格建造的。這個優雅的高地社區，有殖民時代的平房、都鐸風格的酒店、精心照料的樹籬和漂亮的花園，有英國鄉村的感覺，所以被稱為「小英格蘭」。要回今晚將要住宿的飯店時，在車上往外看，在美麗整齊的茶園，竟出現「EDINBURGH」（愛丁堡）的白色字樣。

參觀帕拉克馬巴胡大帝的宮殿遺址才瞭解，原來遠在西元十一至十三世紀，斯里蘭卡的第二首都，無論是政治、經濟、宗教、文化的發展都達到了最盛，有了輝煌建樹的帕拉克馬巴胡皇朝。

帕拉克馬巴胡大帝的宮殿遺址。

供人脫鞋參觀的宮殿遺址。

來到丹布拉洞窟時我心想，中國的敦煌、麥積山、龍門石窟也都看過了，這裡應該大同小異吧！沒想到一進去，實在太讓我驚豔了，原來這還是聯合國教科文組織通過的「世界文化遺產」，保護得真好，有全神貫注的禪定坐佛、右手舉起成大無畏手印的立佛、幾乎每座石洞都有一尊臥佛，真是一座唯美的佛教藝術殿堂。

回旅店的車上，我們導遊 Andy 說了好幾次，晚上窗子要關好，要注意猴子，沒關好的話，猴子會進來。原來今晚我們的旅店是坎達拉瑪遺產飯店，這間曾經被國家地理雜誌推薦為世界五十家最好的酒店之一，更是亞洲第一座綠建築。設計師巴瓦是斯里蘭卡的傳奇人物，他擅長利用當地的自然環境與文化特色，並結合環保概念來建築設計這間飯店。我們很幸運地可以住進來。落地窗貼著兩張很幽默的貼紙：「Did you lock the balcony door?」（你陽臺門鎖了嗎？）和「Please do not feed us! We can be a real nuisance.」（請不要餵食我們，否則

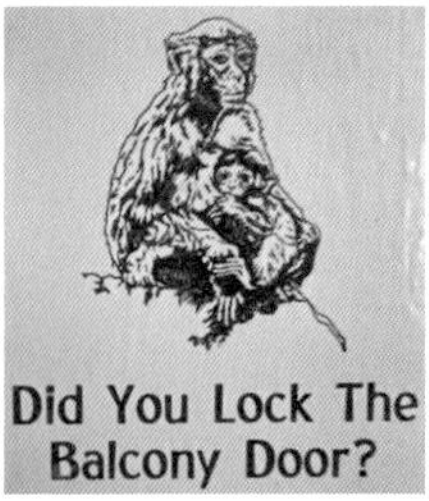

你陽臺門鎖了嗎？

丹布拉洞窟裡神聖莊嚴的各式佛像。

我們可能會變成大麻煩）。果不其然，一大早，大猴、小猴在樹上和陽臺欄杆探頭探腦。另一邊，竟有兩隻小猴子在游泳池邊試水溫！

說到斯里蘭卡的猴子，有一天的早餐，歐姆蛋和Hoppers等蛋類的備餐臺是在餐廳外面平臺，由廚師現場製作。忽然廚師大叫一聲，追過去，原來猴子來廚師旁的籃子偷蛋，哈哈！

領隊交代今天一定要穿鞋子、不能穿拖鞋，因為今天要去有斯里蘭卡「空中宮殿」之稱的錫吉里耶獅子岩。如果有登山杖的話，最好帶著，上山的臺階有一千兩百階，比較陡峭。一路走著，看到階梯，果然陡峭，上到半山腰上長長的階梯轉角，忽然陣雨下來，我和室友敏玲走在一起，匆匆忙忙穿上雨衣，風大雨大，長褲遮不住，溼淋淋的。還好上到岩頂，只剩毛毛雨，原來頂上也是「世界遺產」，一九八二年被聯合國教科文組織列入世界遺產，被譽為「南亞的馬丘比丘」，與馬丘比丘並列「世界第八奇蹟」。

傳說中的錫吉里耶獅子岩

攀登獅子岩的階梯步道。

再怎麼陡也難不倒。

登頂後，真是不勝唏噓，空中花園宮殿呢？只有一大片地基、遺址而已。原來是西元五世紀時「摩利耶王朝」的達圖細那國王的小兒子卡斯亞帕為爭王位，監禁且殺害父親，其兄莫加蘭王子逃到印度避難。小兒子為了逃避王子回來復仇，沿山建造了這座軍事防護重於統治意義的碉堡宮殿。十八年後，西元四九五年王子奪回王位，小兒子自刎而結束了短暫的王朝，此地改為僧院。十四世紀後，僧院廢棄後埋沒叢林中幾百年，直到十九世紀才被英國的獵人發現，並有了今天我們見到的遺跡。

在遊覽車上，領隊阿丹說有登上獅子岩頂的請舉手，竟只有一半的人。大家鼓掌讚美之餘，阿丹說：「有獎品喔！晚餐請登頂的英雄喝現榨果汁！」哈！我可是登頂者中唯一一個八十歲以上的人喔！

人生八十才開始，登頂英雄就是我！

晚上，導遊Andy叮嚀團員，隔天請穿白色衣服，或至少要是素色衣服，參觀佛牙寺感覺是很慎重的，因為寺裡供奉一顆佛陀的牙齒舍利。

佛牙寺位於康迪，是斯里蘭卡的第二大城。康迪曾經是斯里蘭卡首都，佛牙寺於一九八八年被列入「世界文化遺產」。

到達門口，已經人山人海。因為慎重，所有背包都要經過安檢，而且必須脫鞋，已經很久沒打赤腳走在石板、碎石、泥土路了。進到寺裡，導遊Andy努力的為我們說明牆上的每張圖片，說了佛牙舍利的來龍去脈，而且說：「不是因為今天是週六假日，所以人才那麼多，每天不只觀光客，各地信徒都很虔誠地來敬拜。」我們雖然只是遠遠地看著金光閃閃的佛龕，大家還是參觀得很盡興，世界上唯三的佛陀「佛牙舍利」。另一，在中國北京西山靈光寺，另一，在臺灣佛光山的佛陀紀念館本館玉佛殿。

佛牙寺內部。

高山鐵道歷險記

這次旅行一大亮點「山海鐵道戀曲」的高山鐵道行，今天登場。火車從納魯歐亞車站開往戴蒙朵拉車站，途中會經過最高海拔火車站帕提波拉，海拔一千八百九十一公尺，這是世界上使用寬軌 1,676mm 軌距的世界鐵路最高點。

因為車程有將近五小時，所以旅行社特別安排只有我們團和一小團法國旅友包下一整個車廂，我們一路上安心自在地拍照，尤其火車轉彎時，可以拍到很好的車頭或車尾的美麗角度，窗外美麗整齊的茶園、採茶姑娘的倩影。到了最高海拔火車站帕提波拉，蘇老師帶領旅友們到「THE HIGHEST RAILWAY STATION」（最高的火車站）標示牌下，留下到此一遊的美照。

抵達戴蒙朵拉車站後，老師帶著我們參觀舉世聞名的戴蒙朵拉螺旋。這裡不僅有一個觀景臺，可供我們觀賞火車穿越螺旋隧洞盤旋上山的景象，還有一個做得很精美的穿越螺旋隧洞模型，讓蘇老師可以比較輕鬆為我們這些門外漢講解。

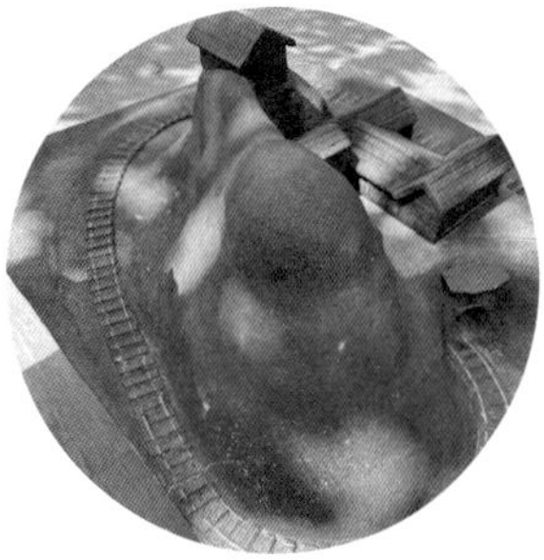

穿越螺旋隧洞模型，真是小巧可愛！

元本旅行社貼心地讓我們住在離九拱橋車程只要十分鐘的埃拉度假村。因為我們明天一早就要搭乘滿街跑的當地特色「嘟嘟車」前往九拱橋，今天換我們在斯里蘭卡的天空之橋「九拱橋」旁，看火車經過九拱橋的美景。之前曾在元本講堂看到鐵道達人蘇昭旭老師在白板上當場畫出「九拱橋」，今天終於親眼看到了。

所謂的高蹺釣魚，是斯里蘭卡漁民代代相傳的特殊捕魚方式，我曾經在電視上的旅遊節目看過。這次來到科克拉海灘，我還以為只能用眼睛看看而已，沒想到竟然可以親身體驗，實在是太高興了！兩位當地漁民幫我爬上高蹺，遞給我裝好魚餌的釣竿，還有旅友幫我照了幾張在高蹺上釣魚的美照，很開心能親身體驗斯里蘭卡的高蹺釣魚。

加勒古城在十六世紀由葡萄牙人所建，是我很喜歡的古城小鎮。斯里蘭卡獨立以前，加勒古城受葡萄牙、荷蘭及英國統治了四百多年，一九八八年正式列入聯合國世界文化遺產。加勒古城是至今東南亞和南亞保存最為完整的古代城堡，兵工廠、火藥庫，經過幾百年歷史沉澱，道路、房屋，有西元一三二五年的伊斯蘭清真寺，轉個街角有一座佛塔，有荷蘭咖啡廳，有很特殊的屋頂瓦片，都能看到並觸摸當時的痕跡、與歷史產生連結。順著馬路往上，有城牆、堡壘、砲臺、燈塔、還有鐘樓，鱗片狀的雲，剛好很美的黃昏落日，城下是湛藍的印度洋，正好，好好享受十六世紀的氛圍。

上：嘟嚕嘟嚕嘟，搭嘟嘟車上山看火車嚕～
下：踩上高蹺，魚兒快來吧！

神聖的足跡

旅遊的一站城市，就是斯里蘭卡首都可倫坡，我們可是坐在依著印度洋的海濱列車進城的呢！這班火車有點像臺灣的通勤列車，有上班族、小販，竟然有一位父親帶著兒子在車上表演打鼓。我們的山、海、戀曲鐵道之旅，圓滿完成。

今晚住的可倫坡希爾頓飯店剛好有一個編號#APRC37的會議場地，並且進飯店所有行李都要經過安檢，我們住的樓層，電梯口隨時站著三位保安人員——原來是第三十七屆FAO農糧組織區域性的高級部長會議場所。

因為要回臺灣飛機是晚班，所以下午還有時間參觀

認識「FAO 聯合國糧食及農業組織」

英文名稱為「Food and Agriculture Organization of the United Nations」，簡稱「糧農組織」，為聯合國專門機構，帶頭開展戰勝飢餓的國際努力。糧農組織以中立的論壇運作，該論壇上，所有國家均平等相處，共同磋商協議，討論政策。糧農組織亦幫助開發中國家和轉型國家，實現農業、林業和漁業現代化和發展，確保人人獲得良好的營養和糧食安全。

可倫坡的卡拉尼亞神廟，斯里蘭卡人相信這是最神聖的佛教聖地，來敬佛能讓願望得到實現。佛陀釋迦牟尼曾經三次來過斯里蘭卡，現在寺廟佛塔的所在地，就是佛陀在悟道的第八年講經佈道的地點。

導遊 Andy 也是交代我們穿素色衣服，在門口就不再穿鞋，還沒進到大殿，路旁的信徒捧著蓮花，有的席地而坐雙手合十，有的專心看書，也有老師帶著小朋友來祈福。大殿內壁畫很精緻，有一尊金色的臥佛，導遊 Andy 講解佛陀悟道的經歷，很多很美的浮雕，可是不可以拍背對著佛像的照片，如果很想跟佛像合照，請拍側面照。

我拍了一些我很喜歡的浮雕，很特殊造型的獅子，大象、鼻子很長的大象，有一個兩邊屋角各有一個人扛著屋角的人，我記得在鹿港的媽祖廟也見過，導覽人說是「憨番擔廟角」，原來斯里蘭卡也有相似的造型。

卡拉尼亞神廟的特殊浮雕。

依依不捨，來日再聚

「頂針」是我旅行時最喜歡收集的紀念品，很開心這次在斯里蘭卡也買到了。這一個頂針的圖案是斯里蘭卡的國旗，又稱「獅子旗」，由一隻握有寶劍，向前行走的金色獅子為主圖案，國旗底色是黃色，咖啡色是代表人口約百分之七十的僧伽羅族，左邊由兩個豎的綠色和橘色的長方形組成，分別代表了「坦米爾族」和「穆斯林」，咖啡色的長方形的四角各有一片菩提樹葉。

這次自己一個人參加「斯里蘭卡　山海戀曲鐵道旅行」，可惜先生已回天國，不能同行。否則坐火車時，他一定

在斯里蘭卡購買到充滿當地文化特色的頂針。

會回憶中學時坐五分車（載甘蔗的窄軌「兩尺軌」），從和美坐到彰化市的點點滴滴，還有，在看到我在體驗「高蹺釣魚」時，說他小時候是多麼會捉泥鰍、釣青蛙啊！

而下次的旅程，我期待可以到蒙古，搭乘西伯利亞鐵路的火車環貝加爾湖，到堪擦加半島、海參威、奧爾洪島等地方旅遊，如果能體驗住蒙古包、坐橡皮艇，或親眼見識母棕熊抓鮭魚餵食小熊，那肯定又是一段與眾不同的珍貴記憶！

林惠如的夢想清單

千言萬語，都不比一次親身經歷

塗人守

在廚房設計、和衛浴規劃領域擁有豐富的經驗，同時也深深熱愛旅遊。我的設計靈感常常來自於不同文化和地域的風情，這些旅遊經驗豐富了我的設計理念。能夠將其巧妙地融合到作品當中。我相信旅遊不僅擴展了我的視野，也豐富了我的工作，期待能夠與您一同探索旅行與設計的奇妙世界！

好好去玩，享用美食，
用眼睛飽覽一切風光，
用心去聆聽每個聲音。

行前準備的智慧

斯里蘭卡是一個我聽過但未曾去過的國家。早期因為斯里蘭卡和馬爾地夫的美麗圖片，讓我們對這些島國的海域充滿了遐想。藍天、白雲、湛藍清澈的海洋，這些景象讓人感到無比嚮往。因此，這次行程就決定報名參加。而且剛好兩個孩子願意同行，所以我們家人參加了這個期待許久，斯里蘭卡山海戀之旅。

在出發行前我們先看了一些影片，瞭解地理位置、幣值、氣候溫差和食物特色。當地民風純樸、物美價廉，香料、茶葉和寶石是地方特色產物，決定還是要自己實地去過，親身感受和近距離的接觸。體驗這一段生命的旅程。

去年參加元本旅遊所舉辦的日本鐵道之旅。「宮澤賢治銀河鐵道火車之旅」，由蘇老師帶隊從仙台一路到東京。之前對鐵道沒有什麼特別概念，坐過藍皮號列車，覺得鐵道也是一種不錯的旅遊方式。

也坐過阿里山的小火車從嘉義北門到奮起湖，體驗早期因為供需運送貨物而翻山越嶺的鐵道。

此次南亞鐵道之旅最期待的活動就是坐火車！這次的火車有茶山的山線火車，以及可眺望海洋的海岸線火車可體驗兩種不同感受。山線鐵道遠眺翠綠林木的蜿蜒路徑，以及整個高低起伏的茶樹林地，與阿里山的茶山景色截然不同。海線鐵道旁的魚村小屋和帶著海味的漁港，與

天空之城的奇蹟

藍皮號所經之路迥然不同。個人覺得，旅行就是要用行動去體會、去感受，盡情玩樂，用生命去記錄走過的痕跡。

斯里蘭卡是以宗教信仰而建立的民族國度。信仰能夠讓人們在生活之中，安穩地信仰其所信的宗教，崇拜至上的神佛，對於統治者來講是最好的管理方式。

在壁畫中留下佛陀曾經傳法至此的畫像，並且在佛入滅之後留下了一顆佛牙，因此在聖城康迪建立了如今的佛牙寺。當地居民對於佛教的虔誠，以及相信生命輪迴的信念，讓他們安於天命地活著。這裡算是佛教淨土。在文化上，他們秉持著傳統的方式生活，在鄉間可看到居民的樂天知命，以及從眼眸中散發出來的樸實與喜樂。

上：佛牙寺金光閃閃的佛像！
下：美輪美奐的佛牙寺天頂。

行程中印象最深刻的場景就是獅子岩，巨石上的天空之城。遠遠眺望一座大石，矗立在眼前，岩石上荒蕪一片，翠綠的林木圍繞於岩石下方，井然有序的水池布滿步道之兩側。在這樣的大岩石之上建造了一座宮殿，這些人是如何開鑿搬運巨石拱木，到這高聳山頭搭建皇宮？我們不得而知，而如今斷壁殘垣訴說著王朝的盛衰。

沿著獅子岩，我一步一步踩

佛牙寺外的休憩涼亭。

著前人留下的階梯，緊握著鋼製的樓梯扶手沿著光禿禿的岩壁一步一步往上爬。旁邊有幾隻猴子跟在累噓噓的遊客身後，想討要一些吃食。

登頂所見獅子岩上廢墟的城郭以及幾棵見證歷史的大樹水池邊，傳說當年啟建宮殿的國王迦葉波是為了防止其兄莫加蘭復仇而建的。當王朝衰敗之後，繁華的宮殿也只剩下眼前這一堆一堆看似廢墟的土堤。而岩洞的仕女

遙望壯觀的獅子岩。

圖壁畫更是絕世之作，歷經多少世紀的彩圖如今只剩二十二幅，當時的畫作者懸於石壁之上，用生命為這個王朝抹上一襲色彩。

獅子岩步道側拍。

海風與白沙

高拱的鐵皮屋下裝著幾十支的吊扇，昏暗的燈光中看著朱紅的舞臺，牆面懸掛著亮白色的布幕，中間掛著一面綠橘色的獅子國旗。一場代表著斯里蘭卡的傳統舞蹈就在急促的鼓聲中開幕了。鮮豔而不華麗的舞裝是傳統舞蹈者的服飾，夾雜的肢體動作融合類似雜耍團的前後空翻，每一幕應該都是在闡述著一個一個的故事。

高蹺釣魚一直是讓外國旅客印象非常深的一幅景象。潔白的沙灘上，清澈湛藍的海水中，一群人站在一根根豎立的木桿子上釣魚。傳說當年是因為漁獲短缺，有個聰明的智者想出了一個方法延續至今。

高蹺釣魚逐漸演變成一種觀光特色。很多到斯里蘭卡旅遊的遊客願意花個五百盧比，在海邊的高蹺木桿上站立或坐著拍個照片，體驗一下這種樂趣。團員中真的有人釣到小魚，大家在興奮之餘拍照留念，隨即將魚放生。大大小小的寄居蟹爬行於沙灘石縫之間。這種情況在臺灣已經罕見，一個乾淨的沙灘，沒有汙染，只有白沙細石、清涼的海風和湛藍的海水，令人著迷的斯里蘭卡。

好厲害，釣到小魚了。

哎呀！高蹺上釣得到魚嗎？

斯里蘭卡 色香味俱全

此次元本旅遊所辦的斯里蘭卡鐵道之旅，其住宿和餐食真的是非常豐富。星級酒店加上風味餐廳，有著各式各樣當地的美味料理，各種不同香料所烹飪而成的美味蔬食等供您享用。而當地的椰子是很特殊的香甜品種。紅毛丹、山竹等水果在小攤上非常便宜，所到之處時刻有著探索的驚奇。

嘟嘟車是當地交通工具，此次也安排體驗搭乘。三輪的嘟嘟

美食佳餚任君挑選。

五星級瑞優斯里蘭卡飯店，風景優美、設施完備。

車奔馳於柏油路，石子路上，操控自如的技巧在車陣中鑽來竄去，初次乘坐者會覺得非常新奇緊張。當地人有著純樸的本性，但可以從眼神中看到他們對觀光客的熱誠。

尚未去斯里蘭卡之前，我以為她和印度大致相似，人多且亂。但這次去了之後，發現倒是有幾分像尼泊爾。或許因為人口沒有印度那麼多，英國統治所留下的斯里蘭卡在商店市區門面還有英式西洋建築，算是一個蠻適合慢活的旅遊國家。

旅途中的驚喜時刻

往茶山的途中，路上一個賣花的追跑者追逐著大巴士，每過一次彎他就出現在車窗外高舉捧著花束的雙手，希望貴客們能買下他手上的鮮花。沿著山路過彎往上跑。善心的麗春姐姐讓司機停靠路邊，讓這位賣花的男子上車，買下他手中的鮮花。夥伴們為麗春姐姐的善行拍手讚嘆。

在海線的火車停靠站時，黝黑的父親帶著小孩上車，胸前背著手鼓唱著當地小曲，小孩用稚嫩的雙手拍打節奏。兩父子努力表演，希望車廂內的貴賓打賞小費。伴隨著歌聲及鼓聲，整個車廂熱絡了起來。窗外是一片無際湛藍的大海，陽光照在閃閃發亮的海面上，映入整個車廂之中，歌聲、鈴鼓聲、歡笑聲參雜著鐵軌的哐噹聲，一幅和諧完美的畫面，定格於斯里蘭卡的海岸線火車上。

此次由元本旅遊辦的斯里蘭卡鐵道列車之旅，由蘇昭旭老師帶隊。去年的團員中有陳大哥、玉英姐夫婦、興星姐、美穎姐，我們在上次的旅遊中結緣，這次非常有幸又能夠同遊斯里蘭卡。團友間互相關懷，彼在這次的旅行中也認識了好幾位新的朋友，感謝元本開啟這次行程，也謝謝蘇老師親自帶領，感恩有這麼多的好友同行。

斯里蘭卡火車。

茶山上的 Break Time。

茶山一隅風光。

旅行的意義

旅行的意義就是讓經歷記錄在生命之中。不管是在國內旅遊，或者是國外旅遊，行動是重要的，旅遊過程中可以親眼飽覽各處的風光，品嚐各地美味餐食，接觸到各類不同的人情風俗。拓展自己的覺受，生命是美好的，生命的最大意義就是不斷學習。旅行屬於多方面的，能夠在「見、聞、覺、知」中學習。讀萬卷書，不如行萬里路。

安排一個屬於自己的旅行，能讓您的生命中創造出更多精彩！

塗人守的夢想清單

異國文化大冒險

柯蓁蓁

熱愛旅遊，旅遊足跡遍布南亞、中國、美國及歐洲，也經常帶著家人和朋友一起旅行。去年，我參加了日本鐵道旅遊，這次我再次報名參加了由蘇老師帶團的斯里蘭卡山海戀鐵道之旅，這是一個別具一格的旅遊選項。

旅行豐富了我的生命，知識讓我在面對生活中的各種挑戰時更加堅定，不會輕易放棄。

不要害怕追求你的夢想，
因為這世界充滿了無限的機會和可能性，
勇敢去追尋，你會發現生活中的美好！

近年來我參加了數次國內旅行，並且開始對鐵道之旅產生了濃厚興趣。

我遊覽了阿里山的壯麗風景，體驗了藍皮列車緩緩行駛在青山綠水之間的奇妙感受；也有機會前往日本，探索了日本鐵道文化的獨特魅力。這些經驗讓我激發了對鐵路運輸的好奇心。

我知道這次是與鐵路有關的活動和探索機會，便感到非常興奮。我相信這將會是我旅行經歷中的一個重要里程碑，也期待藉此機會進一步豐富我的旅行體驗，並與志同道合的人一起分享美好時光。

出發至斯里蘭卡前，親友們提醒我要多加注意安全，必定要預先瞭解當地的風俗習慣和宗教文化，以免造成誤解或尷尬。除此之外，也希望我能夠細心品味斯里蘭卡特有的美食和傳統文化，並在旅途中盡情探索和享受當地的獨特之處。

我之前曾經到印度旅遊，深深感受到印度的多樣性和豐富文化。我參觀了德里的古跡、探索拉賈斯坦邦的古城、沉浸在阿格拉的泰姬瑪哈陵之美。我也體驗了印度獨特的美食和激動人心的節日氛圍。這段旅程讓我對印度的歷史有了淺顯的認知。

雖然我尚未造訪過斯里蘭卡，但印度之旅給了我寶貴的經驗，也激發我對整個南亞地區的探索渴望。

初探斯里蘭卡

出發前，我對斯里蘭卡的印象主要來自於閱讀書籍和網路資料。

斯里蘭卡是一個位於印度洋上的島嶼國家，她擁有美麗的海灘、茂密的綠色雨林和古老的歷史遺跡。據說，斯里蘭卡有著豐富多樣的文化，由於受到佛教和印度教的影響，同時也有獨特的宗教建築和傳統節日。

斯里蘭卡更是一個美食之地，她擁有各種美味的咖哩菜餚和新鮮的海鮮料理。期待能在旅程中深入瞭解斯里蘭卡的歷史、文化和風土人情。

對於「鐵道之旅」，我期待能穿越斯里蘭卡壯麗的自然風光，欣賞沿途的風景和風土人情。鐵道旅行是一種慢節奏的體驗，讓我可以放慢腳步，細細品味每一個路程中的景色和故事。有機會在火車上與當地人交流，聆聽他們的故事和生活經驗，瞭解斯里蘭卡的文化和社會。

我以前並不常搭乘火車旅行，但一直都對這種旅行方式有著浪漫而又獨特的想像，這將是一次難忘的回憶，令我深刻感受到斯里蘭卡的魅力與魔力。

這次斯里蘭卡之旅，我最期待的行程就是獅子岩。這座巨大的岩石上建有一座古老的王宮，是斯里蘭卡最著名的景點之一。我對於獅子岩的壯麗景色和歷史充滿了好奇心，非常期待能攀登獅子岩，俯瞰周圍的風景，感受舉目所見的壯麗和震撼！

出發前的萬全準備！

我為這次行程做了一些行前準備。首先，我深入研究斯里蘭卡的文化、歷史和風俗習慣，以便更好地瞭解當地的情況並適應當地生活；其次，我仔細搜尋當地的購物資訊，瞭解斯里蘭卡的特色商品和購物地點，以便在旅行中確保所有旅行文件的準確性和完整性、準備適合當地氣候的衣物和必需品等等。除此之外，我還花了一些時間研究當地的治安，並制定應對措施，以確保旅程的安全。

為了應對這些擔憂，我提前做了一些功課，並且備

人生之幸，就是能和愛人走遍天涯海角。

斯里蘭卡的神祕面紗

妥一些應急用品和藥品。

這些準備能夠讓我安心、愜意地享受這次旅程，期待在斯里蘭卡度過一段難忘的時光！

我對斯里蘭卡的歷史和文化最感興趣。這個島國擁有悠久而豐富的歷史，曾經是古代文明的中心之一，擁有眾多的歷史古蹟和遺跡，如阿努拉德普勒、波羅納魯瓦和安帕拉等，這些古老的建築帶有濃厚的文化氛圍，顯現了斯里蘭卡的獨特魅力。同時，斯里蘭卡的文化也相當具有多元性，受到佛教、印度教、伊斯蘭教和基督教等宗教的影響，形成了獨特而多樣的文化景觀。

斯里蘭卡「第二古都」波羅納魯瓦，與臺灣截然不同的風光。

我在這趟旅程中學到更多關於斯里蘭卡的歷史、文化，以及生活方式等相關新知識。我透過親身體驗和觀察，深入瞭解這個國家的多樣性和獨特之處，從而擴展自己的知識領域。

我也透過這次旅程更加瞭解自己，發現、提升自己的能力和潛力，並且在與旅伴共同探索的過程中建立更深厚的友誼和合作關係。我相信這次旅程中必定能獲得豐富的收穫，實現自己的學習目標和個人成長！

大砲，幸好現在已經不再使用了。

荷蘭鐘樓旁的古舊雕像。

壯麗景色美如畫

攀登獅子岩，是我在這次旅程中印象最深刻的活動。

不僅僅只是壯麗的自然奇觀，更是斯里蘭卡文化和歷史的象徵之一。當攀登獅子岩時，我被它壯闊的景色所震撼，這座岩石的壁畫和雕刻展示了千年前的人類智慧和藝術才能。站在岩頂眺望四周的風景，我感受到斯里蘭卡大自然的壯麗和生命力。

獅子岩充滿了神祕和傳說——它背後的歷史故事和建造者的神祕身分——讓我對這個地方充滿好奇。

當我站在獅子岩頂上，眺望周圍的風景，眼前是一片壯觀的景象；岩石陡峭的斜坡和奇特的形狀，使我感受到大自然的神奇和力量。我可以看到遠處廣袤的綠色原野和起伏的山丘，此情此景給人一種寬闊無垠的感覺。天空湛藍而澄清，偶爾飄過幾朵白雲，為眼前景色增添層次感。而在岩石上刻畫的古老壁畫，則猶如一幅幅神祕的畫卷，吸引我去探究其中的故事和意義。這些美麗的景色和古老的藝術作品共同構成一幅令人難忘的畫面，讓我深深感受到大自然和人文之美。

茶山中滿是綿延無盡的綠色茶叢，擁抱著起伏的山丘，給人一種恬靜而悠然之感。火車在茶山中行駛，我被茶樹間清新的氣息和鐵道鏗鏘聲的氛圍所包圍，感受到大自然的神奇和美麗，造路者的艱辛。斯里蘭卡的茶園不僅為眼睛帶來了舒適享受，也讓我進一步認識斯里蘭卡的茶文化和茶產業。

一家四口在獅子岩前合影，更能感受世界之大、人之渺小。

生氣蓬勃、綠意盎然的茶田。

我們參觀了茶廠，目睹茶葉的製作過程，瞭解斯里蘭卡茶的品質和價值。茶園之旅也讓我在繁忙的旅途中得到了寧靜和放鬆，翠綠的景緻為我帶來深刻回憶，成為這次旅程中最喜愛的一部分。

斯里蘭卡的傳統舞蹈表演也令我相當驚豔，既優雅又充滿力，每一個動作都富有生命力和表現力，配以華麗的服飾和精湛的技巧，讓人目不暇給。我被舞者的表演所打動，深刻感受到舞蹈作為一種藝術形式所帶來的情感和能量。我特別喜歡他們的面具舞和火舞，那種神祕和壯觀的氛圍令人難忘。這次觀賞傳統舞蹈表演讓我感受到了文化的交流和融合，同時也為我帶來了一次難忘的視覺和心靈饗宴。

海洋與香料的交響

斯里蘭卡的飲食文化與當地自然生態、文化演變有著密切的關聯。

斯里蘭卡位於印度洋上，擁有豐富的海洋資源，因此海鮮成為了當地飲食中不可或缺的一部分。人們對於海鮮的利用方式也反映他們對於當地自然資源的瞭解和尊重；如用各種香料和椰漿來調味，在保留海鮮原味的同時，也能增添獨特風味。椰子在斯里蘭卡也是常見的食材之一，從椰子樹上提煉的椰漿和椰子油被廣泛應用於食物製作中，為料理增添香氣和口感。而咖哩則是斯里蘭卡飲食中的另一個重要元素，來自於當地豐富的香料種植，包括肉類、蔬菜和豆類等各種食材都可以用咖哩調製而成，味道多變。斯里蘭卡的食物反映了人們對於自然資源的依賴和尊重，以及對美食的熱愛和創造力。

旅行中，我有幸與斯里蘭卡人直接互動和溝通。於山線列車上與街頭賣唱藝人互動，那熟練的鈴鼓夾雜著宏亮的民謠歌聲，瞬間讓整個車廂中洋溢著節慶的喜悅。

斯里蘭卡人民與自然和諧共處，對於保護環境有著強烈的意識和行動。在他們的價值觀中，尊重和信任是非常重要的，他們總是以善意和熱情款待我們這些「外來者」，他們對文化差異十分包容且予以尊重，使我在整趟旅程中感受何謂「賓至如歸」，儘管我們有著不同文化背景，但在相處的過程中，都努力理解彼此的價值觀和生活方式，並且互相學習、尊重。這種開放和包容的態度，為這段旅程增添了不同的意義。

上：色香味俱全的斯里蘭卡料理。
下：有幸與火車上的街頭藝人一同演奏，感受到斯里蘭卡人的熱情。

驚奇斯里蘭卡

斯里蘭卡是一個多元且充滿活力的社會，擁有豐富的文化遺產和歷史，同時也展現了現代化的一面。

在這次旅行中，最讓我驚喜的時刻是參加佛牙寺的傳統活動。我原本沒有預期到會有機會參與這樣盛大的傳統儀式，但在佛牙寺意外地獲得了一場令人難忘的體驗。在這個活動中，我看到了斯里蘭卡人民虔誠的信仰和傳統禮儀，以及對佛教文化的熱情。我不自覺雙手合十，與眾多朝聖者一起聚集在寺廟外，朝著佛牙寺的佛牙舍利鼎禮。眾人的虔誠讓人感受到心靈的震撼以及慶典的氛圍。我也參與了繞寺一周的傳統行程，沿途見證了虔誠信眾的熱情和傳統儀式的隆重。斯里蘭卡人民對佛教的信仰和傳統的保留，這次體驗豐富了我的旅程，

旅行中的溫暖時刻

成為我這次旅行中最難忘的一刻。

旅行中，我買了一些斯里蘭卡特色的紀念品。其中之一是高品質的斯里蘭卡紅茶，這是當地著名的特產之一，具有獨特的香氣和口味。我打算把它送給同事和朋友，讓他們品嚐斯

神聖的佛牙寺。

里蘭卡的美味，同時也分享我的旅行體驗。

另外，我還買了些手工藝品和陶瓷杯子作為紀念。貓眼寶石跟手工藝品包括精緻的手工織品和木雕工藝品，這些都展現了斯里蘭卡的傳統工藝和文化特色。而陶瓷杯子則是當地的特色產品，具有精美的圖案和裝飾。

團友間的互動不僅豐富了我的旅行經歷，也激勵著我更加勇敢地追求對知識的探索。我期待著未來能與這些朋友再次踏上旅程，一同探索更多的未知世界。

勇氣與成長之旅

這次旅行讓我對自己、有了新的看法和感受。首先，我清楚認識到自己的勇氣和適應能力。在面對獅子岩挑戰時，我能夠保持鎮定並積極應對，這讓我變得更有自信。其次，我更加珍惜與全家人的一起旅遊。這次旅程讓我結識了多位新朋友，日後都成為結伴出國旅遊的夥伴。

這趟旅程讓我變得開放而包容。我意識到世界是如此多樣和美麗，人不應該因種族膚色而不平等。每個人都有自己獨特的價值和觀點，我們應該尊重且彼此理解，共同建立一個和平、和諧的世界。也讓我感受到了生活的豐富和多彩，也激勵著我能積極地追求夢想，勇於迎接挑戰，成為一個更好的自己。

旅行計畫，未完待續

這次旅程中，我只走訪了斯里蘭卡的部分文化遺產，還有許多值得探索的地方和景點未曾涉足。斯里蘭卡擁有豐富多彩的歷史、文化和自然景觀，我希望能有機會再次來到此地，深入瞭解這個國家的魅力和美好，探索文化遺產和自然景觀。

若有機會再次造訪斯里蘭卡，我希望可以探索更多未曾涉足的地點，並體驗更多豐富多彩的行程。我想去的景點有——

1.自然保護區和國家公園：欣賞斯里蘭卡壯麗的自然風光，包括野生動物和熱帶雨林，如雅拉國家公園、明內里耶國家公園等。

康迪聖城裡別出心裁的小角落。

2. 海灘活動體驗：在斯里蘭卡美麗的海灘中嘗試水上活動，如衝浪、浮潛、潛水等，在碧海藍天中感受刺激與放鬆的交替。

3. 地方文化體驗：參與當地的節慶、市集和工藝品製作活動，與當地人民互動，深入瞭解他們的生活方式和文化傳統。

我希望下次能有更多時間和機會去探索斯里蘭卡的自然景觀、歷史古蹟和當地文化，同時也能夠享受到更多不同的體驗和活動。

期待能與家人踏遍各個不同國度。

這次的斯里蘭卡鐵道之旅帶給我許多新奇體驗和啟發，讓我對生活充滿更多的可能性和希望。我開始思考自己的夢想和目標，並更加勇敢地邁出了第一步。對參加這個行程後的自己，我想說：「不要害怕追求你的夢想，因為這世界充滿了無限的機會和可能性，勇敢去追尋，你會發現生活中的美好！」

柯蓁蓁的夢想清單

名詞對照表

譯名	原文或英文
《孤獨星球》	*Lonely Planet*, 1972
ㄅ	
巴杜勒	Badulla
巴基斯坦	Pakistan
貝加爾湖	Lake Baikal
班德勒偉勒	Bandarawela
ㄆ	
帕提坡拉車站	Pattipola station
帕提波拉	Pattipola
帕拉克馬巴胡大帝	Parakramabahu
帕拉克馬巴胡大帝的宮殿遺址	Ancient City Of Polonnaruwa
波羅納魯瓦	Polonnaruwa
波羅納魯瓦古城區	Ancient City of Polonnaruwa
波羅迦羅摩巴忽宮殿	Parakkamabahu I Palace
ㄇ	
馬度河	Madu River
馬特萊	Matale
馬丘比丘	Machu Picchu
馬爾地夫	Maldives
摩利耶王朝	Moriyan dynasty
莫拉圖瓦	Moratuwa
莫加蘭	Moggallana
美國	United States of America，縮寫 USA
米拉清真寺	Meeran Mosque, Galle Fort
緬甸	Myanmar
明內里耶國家公園	Minneriya National Park
穆斯林	Muslims
ㄈ	
佛牙寺	Temple of the Sacred Tooth Relic

譯名	原文或英文
ㄉ	
達圖細那	Dhatusena
達靈頓	Darlington
大吉嶺茶	Darjeeling
德里	Delhi
戴蒙朵拉	Demodara
戴蒙朵拉螺旋	Demodara loop
丹布拉洞窟	Dambulla Cave Temple
都鐸	Tudor
獨立紀念廣場	Independence Square
ㄊ	
泰國	Thailand
泰姬瑪哈陵	Taj Mahal
坦米爾族	Tamils
ㄋ	
納魯歐亞	Nanu Oya
南部省高等法院	Southern Province High Court Galle
尼爾吉里	Nilgiri
努瓦勒埃利耶	Nuwara Eliya
ㄌ	
拉尼爾·威克瑞米辛赫	Ranil Wickremesinghe, 1949-
拉克代夫海	Laccadive Sea
拉賈斯坦邦	Rajasthan
聯合國經濟及社會理事會	Economic and Social Council，縮寫 ECOSOC
聯合國世界教科文組織	United Nations Educational, Scientific and Cultural Organization，縮寫 UNESCO
盧比	rupee，為印度、印尼、巴基斯坦、斯里蘭卡、尼泊爾和模里西斯所使用的貨幣名稱

譯名	原文或英文
ㄍ	
戈塔巴雅 · 拉賈帕克薩	Gotabaya Rajapaksa, 1949-
高蹺釣魚	Stilt Fishing
高山火車	Highland Train
國際貨幣基金組織	International Monetary Fund，縮寫 IMF
國家鐵道博物館	National Railway Museum
ㄎ	
卡杜甘納瓦	Kadugannawa
卡農 C 大調	Kanon in C variation, 1982
卡拉尼亞神廟	Kelaniya Temple
卡吉爾斯百貨	Cargills Food City
卡斯亞帕	Kasyaps
科魯皮蒂亞	Kollupitiya
科克拉	Koggala
可倫坡	Colombo
可倫坡—加勒海岸鐵路	Colombo-Galle Coastal Railway
可倫坡希爾頓飯店	Hilton Colombo
可倫坡要塞車站	Fort Railway station
堪擦加半島	Kamchatka Peninsula
坎達拉馬	Kandalama
坎達拉馬遺產酒店	Heritance Kandalama Hotel
康迪	Kandy
孔雀王朝	Maurya Empire
ㄏ	
哈德遜 · 席爾瓦	Hudson Silva, ?-1999
荷蘭歸正教堂	Dutch Reformed Church
荷蘭鐘樓	Dutch Belfry
海龜復育中心	Victor Hasselblad Sea Turtle Conservation & Research Center
海參威	Vladivostok
華盛頓特區	Washington, D.C.
黃刀鎮	Yellowknife

譯名	原文或英文
ㄐ	
吉拉伽瑪製茶工廠	Giragama
加拿大	Canada
加勒	Galle
加勒菲斯綠地	Gella Face Green
加勒菲斯購物中心	One Galle Face Mall
加勒燈塔	Galle Lighthouse
加勒古城及堡壘	Old Town of Galle
加爾寺	Gal Vihara
迦葉波	Kashyapa, AD 477-495
傑佛瑞 · 巴瓦	Geoffrey Bawa, 1919-2003
ㄑ	
喬治 · 溫斯頓	George Winston, 1949-2023
ㄒ	
西伯利亞	Siberia
錫蘭	Ceylon
錫吉里耶	Sigiriya
ㄓ	
昭披耶河	Chao Phraya River
ㄕ	
獅爪平臺	Lion's Paws Platform
獅子岩	Sigiriya Rock
史蒂芬 · 森納那亞克	Don Stephen Senanayake, 1884-1952
世界銀行	World Bank，縮寫 WB
釋迦牟尼	The Buddha
ㄖ	
日本	Japan
瑞優斯里蘭卡飯店	Hotel Riu Sri Lanka
ㄙ	
斯托克頓	Stockton
斯里蘭卡民主社會主義共和國	Democratic Socialist Republic of Sri Lanka

譯名	原文或英文
ㄙ	
斯里賈亞瓦德納普拉科特	Sri Jayawardenepura Kotte
僧伽羅人	Sinhalese
蘇達馬拉雅佛寺	Sri Sudharmalaya Buddhist Temple
ㄧ	
伊洛瓦底江	Irrawaddy River
雅拉國家公園	Yala National Park
印度	Republic of India
印度洋	Indian Ocean
英國	United Kingdom，縮寫 UK
ㄩ	
月亮河	Moon River Chinese Seafood Restaurant
ㄚ	
阿努拉德普勒	Anuradhapura
阿格拉	Agra
阿洪加拉海灘	Ahungalla Beach
阿育王	Ashoka, 304-232 BCE
ㄞ	
埃拉	Ella
埃拉度假村	Hide Ella Hotel & Resort
艾特肯斯彭斯旅館	Earl's Regency Hotel
艾勒高地鐵道	Ella Gap Railway
ㄠ	
奧爾洪島	Olkhon Island
ㄢ	
安帕拉	Ampara

我的夢想清單05　PE0221

追夢斯里蘭卡

尋幽訪勝 覽遍古剎 山海戀曲 鐵道之旅

作　　者　淘氣阿丹、鄭敏玲、林惠如、塗人守、柯蓁蓁
責任編輯　劉芮瑜、吳霽恆
圖文排版　陳彥妏
封面設計　嚴若綾

主題策劃　元本旅行社
出版發行　釀出版（秀威資訊科技股份有限公司）
114 台北市內湖區瑞光路76巷65號1樓
電話：+886-2-2796-3638　傳真：+886-2-2796-1377
服務信箱：service@showwe.com.tw
http://www.showwe.com.tw
郵政劃撥　19563868　戶名：秀威資訊科技股份有限公司
展售門市　國家書店【松江門市】
104 台北市中山區松江路209號1樓
電話：+886-2-2518-0207　傳真：+886-2-2518-0778
網路訂購　秀威網路書店：https://store.showwe.tw
國家網路書店：https://www.govbooks.com.tw
法律顧問　毛國樑　律師
總 經 銷　聯合發行股份有限公司
231新北市新店區寶橋路235巷6弄6號4F
電話：+886-2-2917-8022　傳真：+886-2-2915-6275

出版日期　2024年11月　BOD一版
定　　價　450元

讀者回函卡

Printed in Taiwan

國家圖書館出版品預行編目

追夢斯里蘭卡：尋幽訪勝 覽遍古剎 山海戀曲 鐵道之旅 / 淘氣阿丹, 鄭敏玲, 林惠如, 塗人守, 柯蓁蓁合著. -- 一版. -- 臺北市：釀出版, 2024.11
面； 公分. -- (我的夢想清單；5)
BOD版
ISBN 978-986-445-998-8(平裝)

1. CST: 遊記 2.CST: 斯里蘭卡

737.69 113014168